U0075560

臺灣交響曲：名為變態的神父自選集

Symphony FORMOSA: yo, brother

Self-selected Anthology of Shinbu

名為變態的神父 —————— 著
tomoyo

目錄

各方好評 (按收稿先後順序排序)

政治工作者　吳崢 － 2024 新北市中和區立法委員參選者

神父是一個怪人。

名為變態的神父，這個 ID 怎麼看都很怪吧？所以他一定是個怪人。

神父不只人怪，他的文字也很怪。他的文章總是很長，非常長。認真鑽研起內容，會發現好像一幕一幕五彩霓虹的畫面不斷飛掠眼前，有如 CyberPunk 世界中駕著飛天汽車在絢爛的車河、高聳入雲的巨塔中穿梭一樣。但有時一轉眼，又彷彿回到武俠世界，那個用水和墨潑灑成的山林，舉目所見皆是不見遠方的五里霧。

這一定是一種天賦吧。

作為一個理性教育訓練下長出的人，這樣的文字我是難以想像的。我會的只有從 A 到 B 這樣單純、線性的邏輯。神父卻能將點與點之間延伸出無限的平行時空，直接劃出新的棋盤，然而最終，在這些風景底下仍是入世關懷，一顆最赤忱的心。

其實我也不甚明白為什麼會這樣理解，但一行一行字穿透我的視網膜後，最後停在我心中就是這樣的感受，或許這就是神父文字的魅力。同樣是看了電影交心得報告，有人簡單寫幾行字交差，也有人選擇直接拍另一部片回應。從這個角度看，神父是最有誠意的書寫者。誠心向大家推薦神父，享受被文字淹沒的快感。

陳柏惟 － 前立法委員

我喜歡和立場明確的人聊天。

或許我們不見得對事物有同樣的看法，但因為立場明確，對於世界會有一套脈絡清楚的邏輯，這就是擁有中心思想的差別，比起不清楚自己要什麼的，我寧可碰撞有火花。

而神父就是很有中心思想、很有自己思考脈絡的政治書寫者。我喜歡看他用寓言手法，剖析臺灣的政治、歷史、社會意識，筆法幽默得剛剛好，多一分就要不莊重，少一分又不夠味。在看似手術刀般犀利精準的文章之下，我看見不只是批判，是很多很多的溫柔，或許神父本人並不同意這點，但我感受到的，是他對於臺灣、對世界上脆弱靈魂的關懷。

我最喜歡：『布會染上各種顏色，同樣的，也會褪去過時的光影，亦會產生新的色彩，但就像島嶼浮出水面那樣，不動的話，就不會有森林，有熊、有鹿，有人。』

願我們都能成為獨立的人，而且正在獨立。

吳欣岱 － 2024 南港、內湖區域立法委員參選者

我很喜歡神父，因為看文章就知道這是一個真實的人在鍵盤背後。

鄭維 － 阿宅／台獨倡議者

神父史觀清晰，有助於將有毒的黨國史觀一掃而空，讓臺灣得以淨化提升；同時，神父也是個深愛進步價值、堅持變革傳統的人，卻有辦法用一種看似很不政治正確的筆法來宣傳，讓許多憤世嫉俗的年輕人跟所謂阿宅也能接受政治陶冶。

余莓莓 － 資深媒體人

「名為變態的神父」，一個瑰麗奇譎的筆名與書名，一個承載涵容虛與實、幻與真、違常與救贖、智性與感性、模糊與明晰⋯⋯，在乍看突兀錯置對立概念符碼下，打開內頁，步步驚喜。原有的思維邊界輪廓線開始模糊，隨著神父，乘著靈思的翅膀翱翔在無止境的奇想天涯，回眸一顧，卻又無處不端然安立著堅挺的價值信念座標——青山不動，雲霧來去。孤峰頂，一朵奇魅秀逸的白色彼岸花，兀自顧盼在夢與現實的交界。

那是天上仙種，偶然落凡到人間，唯靈台深處供得適性生長；那是一花一天堂，盛放在精神宇宙的須彌山，迎候思想瓊汁的滋潤清養。

三千大千世界，美麗之島上熙來攘往有情眾生，誰是紅塵此岸苦心探尋，識得、解得、栽得彼岸花開的那人？

遠處有隱隱腳步聲，跋涉千山萬水奇險而來。

神父，這名為變態的神父，懷揣自由又清明的靈魂，一隻青眼凝視這天堂之花，凝視它安身所由的土壤，緩緩傾注涓涓不絕的思維瓊漿。那是以愛智與情性為元素，深情款款的潤澤、撫觸與沉思，有關島嶼曲折身世與認同的探索，有關生養其上黎庶之間哀與樂的聚合；另一隻白眼，神父冷視睥睨雜遝塵囂，那裡時而載浮載沉著蒼白尖刻的浪笑，源自偽善邪痞者靈魂墮落的震顫。

善與惡，美與醜，溫熱與涼薄，人性林林總總如鏡面折射的總和，讓時代的風雨便縱冷冽，腳下的泥土仍保有一逕溫暖，頑強散發剛健的生命氣息。這是島嶼的日常，興味盎然生活其間人們的日常，看不見的人性幽微暗處蠢動的日常，神父尋思洞穿人間萬象的日常。

洞穿，來自自由而清明的靈魂專注的凝視。憬悟間，心的籬門輕扣：覆我以明光，一線明光的洞穿。那麼凝視著神父的凝視，直面生命萬般風景吧。驀然，你會聽見風的吟唱，性靈底處有繾綣澄澈的清音傳來，那是你與己身靈魂的對話，一種淋漓的暢快，恣意過後餘韻不絕的繚繞，沉吟再沉吟，最終竟是堅篤穩厚如磐石的溫潤，安住在胸臆的千岩萬壑裡。

如果你也與我一樣，如是真真用心再三咀嚼它、品味它、閱讀它。

藏紅花 – 資深媒體人

小時候我讀的是天主教學校，和別的公立小學不同的是，午餐前必來一頓禱告，在耶誕節時得到教堂向神父告解。

是的，在去年我再度向神父告解了，因為我突破了首富選總統的盲腸，因此和神父有了交集。但這個神父不一樣，不止聆聽，還會分析，左腦唸哲學，右腦讀歷史，文章簡直一針見血。

儘管在獨立不獨立的議題上我們沒有共識，但我們都相信民主與自由是人類的普世價值，是生來具有的權利。當神父邀請我幫他的自選集寫序時，我很榮幸的成為前幾位拜讀的讀者。

神父並不變態。

神父是社會觀察家，不管他是不是深綠還是柯黑，他建立了一個清楚的論述支持自己的觀點，在這本自選集裡，寫出這一代年輕人看待事情的角度，不論你贊不贊成他的觀點，至少你很難推翻他論述的基礎，自稱為神父，不是沒有原因。

神父是哲學思想家，他用極簡的比喻和故事，講述哲學與歷史，他用小說與對話的方式，來詳述 ptt 鄉民口中的「母豬教徒」事件，偽神父？假神父？這都不重要，因為他就是神父。

我特別喜歡神父說「簡化，正是不幸的來源之一」。

世間沒有絕對的好與壞，也沒有真正的黑與白，人類不是神，無法做出審判，我相信絕大部分的事情存在於灰色地帶。事情有因就有果，絕對不能簡化，更不能二分法，這正是我們需要哲學的理由，如果你也認同，請翻開神父的自選集面對自己。

「TOMOYO」，這次請不要噓也不要 END，這個混沌的時代我們需要論述清楚的神父。

人必須忠於自己，不能違背自己的本性，是對是錯你都得背負，直至一生。

——《原野奇俠》

yo，brother
好久不見

I
網路的二三事

在一座島上，住著一群鄉民。
他們的眼眸，比雪融時的湖水還要清澈。
他們的頭上長了角，像是不願被馴服的公牛
對誰
都無所畏懼
每天晚上他們舉行厄琉息斯的秘儀
飲一杯薄荷油
說著黃色的笑話
互相交換彼此的唾液

他們瘋狂起來
像孩子那樣瘋狂
他們賢明起來
就像雅典學院裡的智者

他們在貧脊的土壤上
栽種了太陽之花
他們為被虐死的士兵哀悼
並且掀開將軍與國王覆蓋在他身上的黑布

他們嘶吼著
他們跳著
他們沒有武器
卻有著神靈般的威嚴

但他們很快就累了
倦了
其中有一個人
突然問起
「人們都說要愛這座島，但你們有沒有想過」
「這座島愛你嗎？」

他們很快地放棄了
自己的勇氣和智慧
只剩下
徹徹底底的狂歡

他們俘虜了一群人
說
「母豬！妳應該清潔自己！」
便將她們放在祭壇上
獻祭

其他的人們靜默不語
因為
這已經是決定好的事
誰也不想觸怒眾人
讓自己也被放上祭壇上

有一個神父
卻走了上去
張開了雙手
對他們說
「不對，她們不是母豬
他們跟你我一樣，是我們的同伴。」

Chapter 1
母豬之詩

2016.10.26

就算你們是高尚的，屬於高尚的那一類，你們的心中還是有許多歪曲和畸形，世界上卻沒有一位鐵匠能為我把你們槌直。

——尼采

ｙｏ，ｂｒｏｔｈｅｒ，ｐｔｔ是我的雅典。

就算鐵蹄聲響起，塵土飛揚，他是雅典，就算橄欖樹葉子被風吹起，鴿子停在蘇格拉底的墓碑上，他還是雅典。

就算雅典和斯巴達打起了伯羅奔尼撒戰爭，他仍是雅典。

我知道自主是怎麼一回事。

自主（Ａｕｔｏｎｏｍｙ），來自神話，復仇女神（Ｄｙｓｎｏｍｉａ）和秩序女神（Ｅｕｎｏｍｉａ）的爭端，人們祈禱Ｅｕｎｏｍｉａ能恢復一片狼籍的城鎮，重新豎起了橄欖枝，讓農夫繼續收割小麥，居民們繼續釀酒，詩人們能一如往常的彈奏豎琴，而雅典，又恢復往昔的平和。

Ｅｕｎｏｍｉａ，除了表達人內心的期待，也進一步的代稱了「正當法則」，做任何事，都要正當，為公眾利益著想，但麻煩的是，復仇女神Ｄｙｓｎｏｍｉａ，很可能也成為Ｅｕｎｏｍｉａ的化身。

因為有第三個字，Ｉｓｏｎｏｍｉａ，平等原則。

雅典形成了聯盟，對抗外來者波斯，做為聯盟的主要號召者，他具有著正當性，不過呢，當雅典開始以正當性，拆除其他聯盟者的城牆，宣稱是為了「訓練他們」，拿走了聯盟者的自由、財富、人民，並宣稱是為了「民主」，如果他們反抗，雅典就教訓他們，說是「懲罰」，事情就沒那麼簡單。

有問題的，一直是無限上綱。

因此，自主，並不是那個聯盟，也不是雅典，而是那些城邦所提出來的，平等，並不是齊頭式的，削去每個人的鼻子，這就叫平等了，平等，並不只是消極的，你應該付出什麼，你不應該付出什麼，誰說了算，他還有積極的意義，那就是參與，公平的參與，表達了自己的意志，協商，不論你的權力如何，強弱如何，性別如何。

因為是女生，所以都要男生付錢，這是有問題，因為都是男生付錢，所以就能拿這一點，來罵母豬，這也有根本問題，「女生」、「都是男生付錢」，這都有各自的正當性，但不能，拿來假定他人之意志，因為我是女生，所以你必須如何，因為我是男生，而且付了錢，我很委屈，所以我就能如何如何。

這只是驕傲公主對上災難王子，把群聚的迷思，加諸在眼前獨立的個體身上，如果一個女生，約會都要男生付錢，她是母豬嗎？那個男生是傻子嗎？如果他們都符合各自的意志，享用了一頓平和的晚餐，外來的意見只能影響他們，不能簡化他們。

「他們就是這樣」

同樣的，一個什麼也沒做的女生上了網，或一個根本沒交過女友的男生上了網，眼前，突然出現了母豬兩個字，一個要妳被罵，一個要你一起罵，罵誰？罵那些他們可能認為是的特質，罵，就是一個強制的置入，強烈動機的表達，人很難不罵人的，重點在於，罵，是否停留在罵的層次，而不是上綱成群體的印符，成為一種迷思，

「我們就是這樣」

用母豬，來灌溉群集，用母豬，來建立城邦，用母豬，來構築彼此的認同，母豬，就是一個不能自主的詞，就是一種依附，不只是依附男人而已，而是依附群眾，因為有一群好姊妹這樣幹，看起來是得利的，而我沒有，所以我覺得孤獨，覺得不公平，為了要和大家一樣，所以我也要這樣，沒人考慮，這是對，或是錯，是否適合自己，假定了他人的意志。

這代表母豬，不可能成為肥宅或者魯蛇，那樣自謙用語，體型上的失敗、生活上的失敗，都能轉化成為一種美學，「我們跟其他人不一樣」，肥宅的無害讓他專注在自己的興趣上，魯蛇的憂鬱把失落的種種賦成詩歌，至於母豬教，不過拿別人的不能自主，成就自己的自主。

那算是自主嗎？失落的經歷從不曾傷害任何人，喜歡和別人不同的事，儘管被看輕或者詆毀，純粹的興趣反而顯得偉大，因為自我，而吸引人群，因為自我，而充滿驕傲，從來不是因為暴行或遭受到的不平等的對待而發光，母豬，是不能安慰人的，能安慰人的，是在一起的感覺。

因為一群好兄弟這樣幹，我們的情感得到釋放，我們看起來很一致，那是因為不同意見的人已被驅逐出去了，或者忽略，或者打得不成人形，「我們好像一樣了」，隱藏在母豬教底下的是，根本不是母豬，卻被說是母豬的人，反對母豬教，卻被當成牲畜一樣咒罵的存在。

罵人本身就能得到快感，一個好用的罵人詞彙，當他被反駁的時候，他能縮限定義，而獲得保護，當他沒被注意的時候，他又能擴散到每一個對象。罵人的辭彙本身又成為認同的標記，獲得了安慰又能餵補彼此，反過來成為人們守護的祈禱詞，這就是只想享樂，而不盡義務。

罵人的當下，只要一點邏輯就能成立，反駁的人，必須綴滿天衣無縫的邏輯，罵人的人可以無盡的想像與猜疑，反駁的人則必須老老實實解答每一個問題。罵人的人從一個人的身上，就能概括一百個人的百種姿態，反駁的人必須從千百個人身上找出共同點，而說錯了一個，就等於說錯全部，罵人的可以罵個爽，反駁的人罵了一丁點是態度不佳，這就是雙重標準。

從仇女，變成仇母豬，從母豬，組織成母豬教，而不知何時起，母豬教又代表了ｐｔｔ，這是個錯覺，它滿足了情感，但你要知道，你得到了多少快樂，別人的不幸就有那麼多，你可以問問一個女板友，我忘了她的名字，從女孩板，到傻花板，到了母豬板，她的「感覺」如何，那些不同時期的「感覺」怎麼樣。

仇女有仇女的位置，母豬有母豬的層次，母豬教，原本就沒這東西，他現在是ｐｔｔ裡的一部分，但沒有它的時候，人們依舊高聲談笑，就算到如今，也不過是白雲蒼狗，不管多少人噤了聲，死在沙灘上，老話一句，母豬教，不能代表ｐｔｔ。

一個教徒吶喊，為什麼外人，要攻擊母豬教，ｐｔｔ裡根本沒什麼人反對阿，是這樣的，反對的人差不多都死光了，正如同女板裡離去的女板友一樣，他們不在了，自然也不會再說話了。

而母豬教的本質，就是從人體裡煉成蠟燭，那是比牛油、蜂蠟，燃燒後的光芒來的明亮、持久。

那是用血肉構築的城堡，毛髮編織的毛氈，恩，很溫暖呢，這真是一個新發現。

放煙火很棒呢，多美麗的煙火，你沒發現的是，那落下的遺物都曾是自己的同伴。

所以，就儘管仇女吧，就儘管罵母豬吧，如果那真的是你們的意志的話，就算它成為一個不容抹滅的印符，看起來像是個真理。

但雅典仍然是雅典，ｐｔｔ依舊是ｐｔｔ。

給我一個平坦的陶瓷瓦片，我還是不會寫上任何名字。

ｙｏ，ｂｒｏｔｈｅｒ，聽過這個故事嗎？

西元前５世紀，雅典曾經有一個制度，陶片放逐法，只要在陶片上寫下一個名字，集滿了六千片，那個人就必須離開，而不能說一句話。

有一位將軍，叫做阿里斯提德，他很窮，也沒什麼朋友，唯一的缺點是他會脫光光跑在戰場上，大喊「為小女孩而戰！」，結果在一次陶片的投票中，他被放逐了，除非，城邦的召喚，否則他不能回來。

在投票的時候，他坐在樹下發呆，有一個老人走過來問他，可不可以請他幫忙在陶片上寫字，因為他不認識字。

「這位ｂｒｏｔｈｅｒ，要寫什麼名字？」

「呃～我想想」

「請幫我寫阿里斯提德。」

他想，這不就是我的名字嗎？儘管是這樣，他還是滿懷疑惑的寫上，遞給了老伯。

「你為什麼要寫他的名字呢？」

阿里斯提德問，

「其實我並不認識他。」

「但是我很煩。」

「聽到別人說他是『正義』的時候，我很厭煩。」

別誤會，ｂｒｏｔｈｅｒ，我不是阿里斯提德。

我只是一個變態而已。

只是一個變態而已。

對了，我是個變態。

既然是變態的話，那麼就脫個精光，來吟首詩，

母豬之詩。

人是可食的嗎？

可以的。

好吃的母豬肉，不好吃的母豬肉，當我們吃到不好吃的母豬肉時，我們要寫一篇食記。

妳並不好吃。

吃素的人，怎麼可以責怪我們吃肉的，我們已經只剩下母豬肉可以吃了，我們拍打她，是希望她能變得鬆軟，我們將她切片、研磨，是為了更容易入口。

她們已經這麼難吃了。

母豬要感謝我們。

感謝我們告訴她真相，告訴她們，妳們是一頭豬，一頭一頭的，噗噗叫，

我們才是受害者，我們被迫要吃妳們，這些豬，我們被欺騙，因為妳們並不好吃，妳們的肉並不滑嫩，甚至還帶刺——我以為我吃的是魚呢，我很可憐，吃這麼難吃的食物。

當妳們抗議妳們不是食物的時候，卻忘了是誰保護妳們，飼養妳們，又忘了是誰，允許妳們越過柵欄，奔向自由的天地，然後柵欄，我的柵欄，我的美好動物園，只剩下豬蹄印。

你們只顧著享樂，卻不盡義務。

被吃掉的義務，被玩弄的義務，所以我控訴這一切。

妳看，那些和豬玩樂的同伴，牠們，也回到柵欄裡了。

牠們跟著我一起罵母豬，如今，我們連這點也不被允許。

保護我們。

守護我們。

跟著我們一起罵母豬，那些不願意罵的，是自命清高的素食主義者，他們根本不吃肉，他們無性生殖。

一定要把母豬吃掉，才能生存下去，一定要能罵母豬，我們才能活著。

好痛苦。

好痛苦阿。

為什麼沒人懂，我們仇母豬，但是不仇母豬肉。

我們不仇母豬肉，我們仇的是，

難吃又貴的母豬肉。

如果妳願意，讓我們罵母豬，

提供營養，讓我們吃。

並且露出笑容。

那妳就不是母豬。

是好吃的母豬。

我會告訴妳，

妳不是母豬。

妳是，聖母。

奉獻自己，讓我們享用。

當我吃母豬的時候，

我像個男人。

你們卻連，讓男人像個男人，都不允許。

那些連這一點自尊，都要剝奪的人。

如果你是高學歷的人，那你是為了從我們身上獲得優越感。

如果你是名人，那你是為了賺取名聲。

如果你是鄉民，那你就是想約砲。

如果你是男人，

那你是雙面人，

自私　說謊　沒責任感　沒肩膀　背叛者

你就是你鄙視的那種人

如果你是女人

那你就是母豬

而我們是母豬教

我們三位一體

教主　祭司　和信徒

教主出事了

祭司和信徒來擋

祭司出事了

教主和信徒來擋

信徒出事了

教主和祭司　會教訓你們

信徒做的事

不能算在教主和祭司的頭上

祭司說的話

不關教主和信徒的事

教主

永遠不會犯錯

永遠是對的

為什麼？

因為我們被安慰到了

因為我們被說中了不幸的感覺

因為我們的情感　得到了救贖

為什麼？

因為母豬

母豬　讓我們感到至高無上的幸福

母豬的慘叫聲

母豬被分割的肉

母豬的血的味道

我聞到了

好幸福

這是我們共有的秘密

我們一同分享的喜悅

我們善良的

烙印下ｇｍｐ的標記

說每一頭母豬是母豬

有什麼不對嗎

看看這顆豬頭

她在微笑著呢

瞧

1

2

3

她在點頭

她們都很高興

什麼

說外面那些母豬嗎

別擔心

她們會回來的

她們很快就會明白的

自己是頭母豬

我是為了她們好

我們一起生活

一起遊戲

一起哭泣

一起互道晚安

累了吧　　乖乖的睡覺覺喔

母豬

什麼？

母豬的定義是什麼？

那不重要

重要的是

感受

如果敢說我們的壞話

就讓你黑掉

如果有人因為這樣　就死掉了

請告訴他們

我們是在玩

ｂｙ 名為變態的神父

ｙｏ，ｂｒｏｔｈｅｒ，不幸的是，不幸的感覺很相似。

Ｄｙｓｎｏｍｉａ是應該存在的，Ｅｕｎｏｍｉａ也應該存在，

Ｉｓｏｎｏｍｉａ更是存在的無以復加，沒有誰比較優雅，但是這三位女神阿，其實有更重要的東西呢。

那就是Ａｕｔｏｎｏｍｉａ，自我之法則。

強調自我之重要性，而不是你們，我們。

自我，不受威脅，也不去脅迫，不欺騙別人，也不被欺騙。

更不會欺騙自己。

做一個誠實的人吧，ｔｏｍｏｙｏ。

什麼是母豬教？

2015 年開始，2016 盛行於網路討論區 PTT 的類宗教，被視為是「仇女」現象的總合，然而，一開始只是好玩、有趣的虛擬組織，口號為「母豬母豬，夜裡哭哭」，並以一名叫做 obov 的板友作為教主，他也以開玩笑的口吻冊封一些版友，例如聖騎士或者魔法師、異端審問官之類的位置，在閒聊版形成一些小圈圈，不乏女性加入。

然而，「母豬」一詞的隱喻，有一部分是來自日本次文化中的情節表現，這個隱喻原本是依附在擱置懷疑的裡漫、H 動畫等等情境，一種刺激讀者慾望的表現方式，母豬在情節裡，形容的是一種被激烈的性侵犯後，因為性快感而恍惚、失神，失去自主，甚至反過來央求加害者給予更多的性刺激，這時就不是加害者施暴受害者的關係，而是逆轉成加害者施惠給受害者，也就不存在加害、受害的關係，

是一種完全的支配。

在 PTT，最早使用母豬一詞，是在 AC_In 版，多半是在討論裡動漫裡的情節，在標題為「崩潰的母豬 end」一文中，「繼上回學姊回到原本的身體變成母豬 忽然時間倒轉……本來以為用回到過去的老梗可以英雄救美（算了，裏漫就不用講究劇情）幹，你救的方法是用學姊的身體讓自己變成母豬是怎樣啦」

可以看見只是討論一種虛擬情節中的術語，然而，obov 卻把用在形容現實當中的女性，這產生了相當大的偏誤，母豬教徒在進攻女性看板 Womentalk 後，就產生了質變，母豬教徒仗著人多勢眾，影響了該看板的意志，諸如灌票選出母豬教徒屬意的版主，四處鬧版並且指責原本的女性版主不公正，打著「要矯正女版」的名義，攻佔了看板照自己的意志行走，動輒對女版版友實行嘲諷，或者在板上發表羞辱女性的文章，測試版主和版友底限，若有不合己意，就大叫不公，實施「開趴體」的懲罰，原有的女性使用者大部分敢怒不敢言。

從時任版主 Spell16 的請辭公告來看，「於任職期間遭到人肉搜索，並被惡意宣傳個資 (幸好該人查到的個資並非真實) 遭到多次人身攻擊、威脅，當時礙於板主身分並未處置，但深感現實生活之人身安全被威脅……」

「現況告訴我，單單靠板主職務也無法抵抗批踢踢上對於女性的巨大惡意，板主們對於亂板事件其實毫無抵抗能力，那就讓亂板成為王道吧」

可以想見當時女性版主和版友感受到的壓力之大，他們以為很有趣，卻是將快樂建立在別人的痛苦上。

「母豬」一詞也很快的外溢到其他版上，並且影響現實世界，令廣大女性產生了恐慌，雖然母豬教徒聲稱「仇母豬不仇女生」，但其指涉對象實際上卻是整體女性，他們抓住了一些女性的負面特質，例如「只想享受權力，卻不盡義務」，然而，這其實是人性，誠如「享樂避苦」一樣，男女皆有，不過他們單方面從女性身上挖出這些特質，並以此推估到男女不平等，於是像發現新大陸一樣，他們把過往對於女性相處的認知加以推翻，重新定義為「母豬一樣的行為」，並且加以辱罵，他們掌握了詮釋權，並且發現不到自己的錯誤，甚至開始攻擊反對他們的人，企圖形塑一種恐怖。

例如，以蝙蝠的行為推估到女性日常行為，定義為母豬，蝙蝠爭奪食物，就如同女性上網發文抱怨「多點吃不完男友嫌浪費，是我問題還他太小氣」，蝙蝠會為了睡覺的位置發出聲音爭吵，如同女版友的閒聊文「女孩們會認床嗎」，甚至連蝙蝠抗拒交配，也能如同女版友提問「大家對婚前性行為的看法？」定義為母豬行為，蝙蝠距離其他蝙蝠太靠近，也會發出聲音抱怨，他們以女版友的文章「只有我覺得問路算是一種性騷擾嗎？」加以類比，因此，蝙蝠如同女孩如同母豬。

這樣的擴張定義，很快的就產生大量文章洗版：

[問卦] 龍母算是母豬嗎？
[問卦] 瑟蕾娜是母豬嗎？
[問卦] 小町跟奈緒子是母豬嗎
[問卦] Mr.White 老婆是母豬嗎
[問卦] 澤部椿算是母豬嗎？
[問卦] 朱九真是母豬嗎？
[問卦] 太平洋是母豬嗎？
[問卦] 甄嬛在現代算是母豬嗎？

[問卦] 歐陽姊妹是母豬嗎？
[問卦] 你的名字裡的女主角是母豬嗎？
[問卦] 三隻小豬的媽媽是母豬嗎？
[問卦] 冰冰姐是母豬嗎？
[問卦] 藍鳳凰是母豬嗎？？
[問卦] 允兒是母豬嗎
[問卦] 萊安娜 . 史塔克是母豬嗎
[問卦] Selina 是母豬嗎？
[問卦] 約跑多次卻對未來老公隱瞞算是母豬嗎
[問卦] 劉麗華是母豬嗎？
[問卦] 黑暗騎士中的 Rachel 是母豬嗎？
[問卦] 革命機的女主角是母豬嗎？

漸漸的，有人開始在性侵的消息下，留言母豬，檢討被害者，母豬一詞，開始大量氾濫，變成一股趣味包裝惡意的仇女風氣，當一個女性被性侵，他們會推翻既有認知，以檢視被害者的瑕疵來進行責任移轉，以被害者也有錯，所以得到被性侵活該的結論，以拷問被害者，擰轉常識認知「性侵別人是不對的」來獲得指鹿為馬的愉悅快感，甚至有不明就裡的人，反而跟隨這股風向，責備女性不懂得風險管理，半夜出門、喝醉酒、單獨一人、去夜店，都可以成為高風險因素，女性應該要懂得避免，不要認為別人只是提出建議就等於否定你的權利等等，實際上，是藉由限縮被害者的自由，框架以高條件的道德標準，當滿足這些標準以後，才得以擁有一般人最基本的免於恐懼的自由。

於是，在四位新加坡男蹂躪臺灣女子的新聞下面，大量出現了「想自己爽」、「A女自願的」、「新加坡男真可憐」、「幹死她」、「幹嘛要起訴」、「臭母豬」、「台女任你X」的推文留言，各種同情加害者，譴責被害者的詭異現象。

對於這樣的風氣，大部分的 PTT 使用者或名人，受限於全體一致的錯覺，甚少發出異見，因為一發出，動輒被攻訐或被母豬教徒集體弄臭名聲，少數ｐｔｔ使用者與其對抗，但卻得不到重視，表象的網路世界並不記載這些異議者的聲音，反而以與該事件脫節的學者、名人、社運人士、網站經營者的觀點為主流，大量學術字眼與專業理論佔據了該事件的詮釋，無助於人們理解該事件以及兩方群體的互相理解。

在苗博雅（社民黨員）與 sumade（資深鄉民）因母豬教話題唇槍舌戰之時，神父以「母豬之詩」一文、一詩，從 PTT 的使用者角度切入話題，出現了大量噓文，而後又被推爆的網路特殊景象，其中有人感嘆「從那篇文以後風向就變了」，反對母豬教的一方的聲浪逐漸浮起，而後，有八卦版主亮亮出面爆料與 sumade 交往時的過往，並批評他「言行不一」，因為「挑高費率網路吃到飽」，抱怨她一個禮拜，還被指責金錢觀有問題、不講道理。然而，一起出去的時候，卻叫她開網路分享，給他使用，她指出「用別人的錢滿足自己，這就叫金錢觀正確喔？」

亮亮發表完文章以後，母豬教之亂，大致告一個段落。

亮亮的文章凸顯了，「只想享樂，卻不盡義務」這樣的論述，也會發生在一般男性身上，只是男性受限於「對異性較為敏感」的眼光，只看的見別人，卻看不見自己，我們當然可以很容易的從女性身上找出一堆缺失，誠如同女性也能從男性身上，輕易的看出缺點，然而，在母豬教徒以男性為主的詮釋下，成為了女性有負於男性，男性報復合理，這樣偏狹的尺度。而把女性負面特質以「母豬」加以概括，並放大回群體不可抹滅的印記，無疑犯了兩種謬誤，其一，是以偏概全，其二，是不相干的謬誤，無論是怎樣的女性特質，都不會是指稱其為「母豬」的藉口，或者是連結二次元動漫中不能自主的性虐情節，這脫離了事實，其中衍伸的超過負荷的懲罰行為，本身即是不公正的，只是一種報復和宣洩罷了。

我們可以由此可知，母豬教徒所謾罵母豬，潛藏著相當大的認知偏誤。而我們亦可以為仇女行為下這樣的定義，單方論證，藉由不斷論述單一群體的負面特質，作為一種罪狀，藉由少數群體的生活經驗，推及到普遍的真理，而使得另一方的聲音徹底消失，變成己群陷入極度自我中心的狀態，掌握虛假的正當性，用以貶抑、否定，攻擊所有女性的存在。

神父的呼喊
令他們憤怒
但他們之中的某些人
卻倒了下來
他們想起了過去的種種
一片噓聲過後
響起的是
「我有罪」
最終
沉默的人不再沉默
他們發出了聲響
告訴其他人
這裡
本來的樣子
我們
本來的願望

但那個怒火不曾消逝
那個狂歡並沒有止息
他只是悄悄地被壓下
就像黎明時的營火
被陽光覆蓋
火還在燒著
心裡的殘缺仍在
神父心裡嘀咕著
總有一天
那股厭憎的火焰
會蓋過那光

而那一天
很快就到來

那一天
一個女孩死了
她寫了一個故事
她留下了遺書

兇手呼之欲出
他們竊笑著
發現了正義的另一種用途
用來嘲笑
用來描繪他們
心中歪曲的
公正地圖

你們是無力的
你們說謊
作為騎士的你們
對我們的虛言妄語
莫可奈何

祭壇再被升起
那個死去女孩
再度被吊了起來
她被綁著像個螃蟹
那個兇手
被同情著
像個英雄

他們從中得到了快樂
他們以為是新的
其實卻很舊
那是上古時代的
指鹿為馬的快樂

藉由著荒謬
藉由著人們感到的不公
換取自己的公正

沒有什麼比
嘲笑人的虛偽
嘲笑世間的正義
嘲笑不能說話的人

更快樂的事

Chapter 2
女作家之死

2017.08.29

我們每個人對於所有事、所有人都富有責任。

——《卡拉馬助夫兄弟們》

林奕含事件，無疑造成了廣大女性的心傷，但其實不只如此，其後續特定人的反應，更是讓所有人疑惑不解，他們檢討被害者，拿林奕含書中的情節來戲謔，說她是小三作家、被綁的像螃蟹，並為陳星抱屈。

這多半發生在ｐｔｔ八卦版，可視為仇女風氣的延續，令人難過的是，林奕含本身也是個鄉民，並且曾試著上八卦版求助。

林奕含事件時間軸

事件摘要：作家林奕含出版《房思琪的初戀樂園》，內容描述狼師性侵女學生的情節，2014 年並曾上 PTT 求助，2017 年 2 月於新書發表會指出，書裡面的李國華的原型是她所認識的一個老師，4 月 27 日，於住所上吊自殺，引起廣大討論，有議員蕭永達召開記者會，稱當年誘姦林奕含的補習班老師是陳國星，而後經多位民眾檢舉，南檢偵辦此案，最終因罪證不足不起訴，網路上興起「事後反悔」的論點，以「不起訴」為根據，攻擊林奕含和聲援者，5 月 27 日立法院通過俗稱「林奕含條款」的「補習及進修教育法」，規定補習班應揭露負責人及教職員工真實姓名；外籍教師必須提出良民證；補習班人員若獲知有性侵害、性騷擾等情形，有通報責任。

２００９．６月　結束補習班（確定）
２００９．８月　發生關係（南檢推論）
２００９．５月　狼師第一次連絡
２００９．６月１４日　林女向陳星連絡
２００９年８月～１０月　頻繁聯絡（１０月２９日最後一次）
２００９年１０月　談判，結束關係
２００９年１１月２５日　就診「與補習班國文老師陷於戀事，未獲父母認同」
２００９年底２０１０年初　「初戀」原始版本完成

（南檢所述內容為合意交往，嗣經其父母發現而嚴厲責罵並加以阻止，該女主角因而被迫斷離，並服藥自殺，其後經送至精神病院治療）

２０１４年５月２３日　小杯（林奕含分身帳號）發文求助
２０１４年８月　進學解　第一版本完成
２０１４年　改寫小說

【備註】

南檢表示，諮商紀錄上顯示其曾提及『被強迫』及『誘姦』等詞語，然心理諮商紀錄另顯示林女亦曾表明認為那一段經驗「就是一場戀愛」，及其「當時很願意滿足對方的慾望，好像是她的責任，同時有一種權力感，可以安慰高高在上的對方」等語。

「進學解」為作者認為《房思琪的初戀樂園》的正式起點，她認為直到這篇散文才始有雛型，進學解透漏疑似被誘姦後的情景，痛苦，心情轉折和對對方的摹寫，其中記載著大學時她看見了對象和其他的小女生走在一起，她心理喊著「快逃阿！」的字句。

資料來源：ＷＩＫＩ、南檢起訴書

我們說「事後反悔」有兩種情形，兩股正常的情緒流交會以後，返往各自所在的島，其中一股情緒流突然提升了期待值，溫度升高，產生了巨大的落差，這是其一，另一種是兩股情緒流交會之前，其中一股突然主動施加了某種手段，使另一股流溫度驟降，擱置了原本應有的懷疑，並使其本質受到損害，於是遂行了交會的目的，當他們離開彼此，被強迫壓低期待的那一股流，回復了正常的水溫，與原本處於錯信的狀態相比，亦產生了巨大的落差，這是其二。

我們說「無罪推定原則」，其罪，乃在法律上的罪，法律上的用語採取了精確原則，也就是設置了可量化的狹義定義，比如斷定師生關係，即以離開補習班，失去上下教授的契約與實質責任行為，此為嚴謹定義的「無師生關係」，然，結束補習後遇到了老師問榜，是否還會稱呼對方為「老師」呢？一般情況下是會的，在結束契約後一天、兩天，甚至不久，這份師生關係和影響力仍然會持續，是以一般大眾的認知中，還會認定他們是師生關係，就連當事人也會有此自覺，因此，法定上的定義和一般認知中的定義，仍有差距。

這也是無罪推定原則的意義，不去定義難以定義的東西，在於曖昧不清的迷霧中，保障無辜者，所以假定他們都是無辜的。

在此，證據的意義，在於佐證其有罪的，而能超越合理懷疑的層次，而非佐證其無罪，無法證明的將會回到那層迷霧中，然後他和一般人一樣是安全的。

有罪無罪之間，必然有一層無法證明其有罪和無罪的地帶，這層地帶，其罪之有無，進入門之前，由人們來判定，出了門之後，亦由人們來判定，至於這門有什麼作用？那就只是說了，以我的定義，我無法判定，所以無罪。

若人推論其有罪，必然有其依據和構成的事實，推論Ａ－＞Ｂ－＞Ｃ－＞Ｄ－＞Ｅ之構成情節，而持反論者，亦有另一套認知，爭議點可能不在於事實，而在於覆蓋在事實之上的意識，若以林奕含事件為例：

被動憧憬	誘姦	假定以戀愛	反對加重憂鬱	清醒發現事實
A－>	B－>	C－>	D－>	E
主動追求	發生關係	正常戀愛	反對加重憂鬱	反悔而扭曲ＢＣ

其下為持反論者，所認知之思緒，先不涉正確與否，與價值研判，南檢以小說辦案，輔以網誌與各項網路資料，並增以各證人之證詞與醫療紀錄比對，其中有加害人之說法，但無被害人之言詞，因被害者已死。

南檢以小說「初戀」之原稿，內容為合意交往而無性侵之情節，來懷疑性侵之有無，既無法判斷有，也無法判斷無，所以歸之迷霧，若以此線索來評判兩種認知，「初戀」原稿成之２０１０年，其描述之狀態應為「認為這是戀愛」，與「認為這是戀愛但實際上不是」亦無衝突，２０１４年起的「初戀樂園」即描述此種現象「為了遮掩傷痛而必須覆蓋以戀愛」或者「當時單純認為戀愛就應該是那樣」，那麼，表現出來戀愛的樣子，亦真，亦假，宛若一個劇場，你如何判斷劇中的女性臉上的潮紅是戀上那男主角的表徵？她可以真的這麼認為，真的那麼想，問題在於，你是否相信這是個劇場，如果你證明被誘騙的人當初是相信對方，是否能推論對方根本沒有被誘騙呢？如果這是一個被誘騙的情境，那麼，被誘騙的人也會告訴你，是的，她當初相信對方說的是真的。

所以「初戀」可以證明那是戀愛，也能證明那是陷入迷思之中的戀愛。

南檢又以閨蜜證人之言，證其明確表示交往－－在某家Ｐｉｚｚａ店中，邀請其他閨蜜，介紹男友，表現出親密的樣子，亦曾說出很喜歡他，未說遭到侵害，到此應為２０１０年以前，沉浸於愛戀中的少女，與以後覺悟的狀態，直至２０１４年凸顯，可以辨別為兩種不同的狀態，這也是為何兩造證人看了好像兩件事，兩個不同的人，都認為是她們看到的林奕含，而對方認識的是另一個，不同空間的，不同時間的，和自己意識中相違反的，一個看到的是眼中所見到的事實，另一個，則是聽取其描述心的記憶。

而我們得想想，四個人坐在一間Ｐｉｚｚａ店是什麼樣的情景，一個年輕女子向另外兩位好友介紹自己的男友，一名５０幾歲的男子，也許那兩位是她的知心，不過對這名男子來說，不過是其他的陌生人罷了，如他是已婚的身分，又有小孩，且對象是自己的學生，那麼，這顯然是一個突兀的場景，而且有許多風險在，這並不是一個一般人認知中會出現的畫面，我們可以懷疑各種想像，這位男子可能取走了該女子重要的東西，或許下承諾，使他不得不採取這樣的行動，增加自身之可信度，對於該女子來說，可能是想索求某些證明，無論是愛的證明，真心的證明，對於未來想像的證明，或者，對於一切不尋常或不合理，對於曾經發生過的事其實是自然而然，兩廂情願的那種證明，一切是基於愛而發生的，ｂｕｔ，要特意證明這件事不覺得很奇怪嗎？

我想南檢不會想到這一點，因為那不是辦案所需要的，也許他們可能是為了分享愛情的喜悅因而叫了一份Ｐｉｚｚａ，對於另一本的小說中，合意交往乃至於合意性交的觀點，他們只要證其合意性交的可能性，乃至違反其意願的可疑，那麼，無罪推定原則下的有罪推定，就無法界定到哪裡，而陷入迷霧中。

然而，迷霧中的事實依然不是真正的事實，關於迷思中的戀愛，扮裝中的戀愛，我認為是的戀愛，仍然和兩情相悅的戀愛有段距離，若我們將２６歲的林奕含視為是一本完整的書，而且並不是虛構的，那麼，她有一部分的表達是完全相反的情況，２０１４年八月的完成的散文「進學解」才是「初戀樂園」的雛形，以及正式的起點（詳見於她的臉書），在她生前前幾個小時，要求必須公佈的「石頭之愛」內文，第一次的戀愛，與Ｂ，最後的伴侶，才是她人生中第一次戀愛。

事實是，當她記述著一般人認知當中近似戀愛的過往場景，在「石頭之愛」中，她寫道「你第一次喊我名字，我回家寫下『一、托馬斯·曼，像一枚金戒指掉在銀瓶中。二、張愛玲，房間裡有金粉金沙埋的寧靜，外面風雨琳瑯，漫山遍野都是今天。』當我痛苦得厲害，你總叫我不要再讀張愛玲了，把《茉莉香片》喝掉吧。事實是，能傷害我的，絕不是張愛玲，而是你。」

事實是，南檢能證明那是戀愛嗎？不行，南檢能以當下證人所見到合意交往的場景，推到先前他們發生關係的那一幕嗎？不能，他能說，那一切都是可疑的，通常來說，合意性交以後，表達了戀情與交往的行為，是合理的，被性侵了以後表達愛上對方，這不常發生，但是，

這恰巧是一個愛上誘姦犯的故事。

誘姦是什麼？誘，有隱瞞、詐取之意，姦，則是不正當的性行為，亦可指強姦，用誘姦來形容這一段關係，其實再洽當也不過，無論是合意的，不合意的，未獲得同意，或者有瑕疵的同意，違反其意願，乃至於強制手段遂其所願，這都是誘

姦之中，可能發生的情況。

因為誘姦，並不是形式上的，「何種意識」，而是其誘騙的成分，「到何種程度」，其來源「刁姦」，古語如此形容之，「有計賺唇勾而毀貞喪節」，計賺即設計、騙取，唇勾則以話語引誘，「用威力挾制，或巧言誘出，引至別所」即受害女性為「被挾被誘者」。

而我們都知道，男女交往，都有其誘騙的成分在，只不過哪種範疇是合理的，例如耍帥或者吹噓，或者稱其為某某富二代，來自歪國的歸國子女，皆有其差別，誘騙造成其本質損害，或者誘騙尚在對方可接受之範疇，即合理的感情博弈，或者人們戲稱的遊戲規則，「想表現出最好的一面符合對方的期待」，其造成的意識落差，手段是否符合大眾共同服膺之價值，其動機是否為真心誠意，或者全佔據著個人私慾，ａｎｄ，對方的感受為何，你是否有把對方作為一個人看待，而非工具。

而我們也知道，男女發生關係，男方通常佔據了主動性，女方則多為被動，什麼叫「姦」呢？撕毀衣服、逼其就範是一，優雅的替對方蓋上被子，在對方陷入迷惘時趁機刺入其身體，亦是，一場性愛不見對方有任何同意的話語或表達意願的態度，或者在喊著「不要！」、「不行」或「不可以」下，判斷對方為嬌柔膽小而欲拒還迎，而化作單純的引起自身之想做的興致，再假定了意志之後，再用各種手段決定了她的世界觀。

「這是愛」、「這是我愛你的方式」、「我會對妳很好」、「我會讓你一輩子幸福」、「妳並不是受傷害的，因為我們是愛人」之類的。

這些不尋常的手段，埋入了一般人求愛的知中，與其相混淆，使人們無暇去辨識，「意識」這個東西，而眼前受傷者所傳達的訊息，是不是自己也是同樣的人。

「我不是這樣的人。」若不是產生了罪惡感，就是想排斥那降臨的罪，但是那個訊息是難以判讀的。

對於此點，廣大男性必然會陷入恐慌，開啟了認知上的衝突，我該如何證明我和那位狼師並不一樣？我該如何區分我追求的手段和那個誘騙無關？

於是，公正世界發生了偏移，點燃了被入罪的恐懼，既然無法分別我和他的差異，那我的某些地方就和他是相同的了，我們都擁有慾望，當這個想法萌發了以後，我們就會越來越像，結合了過往與異性相處的各種不愉快，情感的勒索，莫名的被要求責任，與對方各種你來我往的政治戲碼，她總是意志不堅，要求我做不該做的決定，她總是展開那依附性的思維，由我不斷的壓低姿態，絞盡腦汁臆測她所想要的，而她始終不告訴我正確的答案，只像個領袖般的隨意揀選，像個小貓般報以無辜的眼神，最後的責任由我來背負。

我把這個意志不堅，也想成那個意志不堅，卻忘了那本質的不同，用槌子敲擊你的腦袋跟兩眼發白望著天空的不同，遭遇上的不同，境遇上的不同，心境上的不同，所以移情了自己，成為了加害者的影子。

既然我和這份誘騙沒什麼不同，那麼就是妳想騙我了，既然我和他都沒有問題，那麼有問題的就是妳了，同樣的邏輯，天差地遠的答案，天秤的兩端，一邊是魔鬼，一邊是天使，他是魔鬼，妳是天使，而我不相信，那麼，妳是魔鬼，他是天使，這樣，也是「一邊是魔鬼，一邊是天使」。

這樣，我就沒有錯，我相信。

我們得猜想檢察官並不是這樣認為的，為了求取律法的真，他們不得不暫時這樣理性的推論，我相信某部分的人也是如此，ｂｕｔ，這樣的推論，在於回歸迷霧，而不是將迷霧當作是真實，這樣忠實的迷霧必然兩者都有，我們假定受傷者說的真，再去懷疑他的真實成分，而不是從一開始當然斷定她是個事後反悔，滿口謊言的母豬，接著，在懷疑浮現後，自比先知的說事實就是那樣。

無罪推定的原則，並不會成為有罪推定的母豬。

母豬是什麼？在於人們認定的某項女性特質，與以過當描述和詆毀，並滲透以次文化中的異色色情描寫，所謂的開發，對施虐者抱以善意和渴求被施虐，喪失自主意識並沉溺於感官刺激中被支配，在此意像中，被以低下的牲畜象徵之，達成反覆謾罵的效果。

那從來就不是事實，誠如漫畫中的女性被畫成過於濕潤的巨大眼睛，或者又傲又嬌、口是心非，混淆認知的毒舌，那是過分強調的手法或被創造出來的扁平人格，為了用以迷戀，誠如那母豬或肉便器的衝突感，被創造出來用以滿足感官刺激以及歸屬於本我的凌虐慾望，性愛之中，高潮的人並不會吐出舌頭。

那只存在在漫畫之中，我們並不會用來描述一齣悲劇。

假使那真的沾了一點似是而非心理現象，我們會用以中性的辭彙來表達，例如一座城市的名字，斯德哥摩爾，那是因為，我們不忍心再讓傷者受到二次傷害，讓無辜的人們感到被輾壓的痛楚，那是因為，那是非事實的，那是因為，那並不公平。

為何我要用一個罵人的辭彙去形容一個人心中扭曲的現象？把它作為一個常態的用語而若無其事的討論？

我與她有何仇恨？

我們與那受傷者所指涉的對象，最顯著的差別，無論是引誘的成分也好，欺騙的成分也罷，那就在於，我們有去想別人怎麼想的能力。

這個別人，除了眼前的這個人，還包含了與我們一同存在的眾人，當我欲行使偏頗行為的時候，我會不斷的埋設停損點，而使自己有所節制，即是我們必須是自私的，終會有那麼一小點，利他的成分。

把對方當人看。

換位思考，站在他或她的立場，這並不是說，我們要如何設想她的下一步，使她無從反擊，而自己不留任合一丁點風險和罪責，佈置一個完美的犯罪，或設法從對方身上榨取的更多，而我安然無恙。

並不是那樣的世界觀。

而是，為他人著想的世界，你得承認，我們心中都有那樣的理想世界，並不是想著使對方風險自負，吸收所有而爆炸，而是，想著怎麼不損害她的本質，而使其存在。

這就是，當我們佇立在小女孩必經的路口，準備著慾望她的眼神，感染到她釋放恐懼的情緒，於是便閉上了眼睛，遠離，退到了河堤邊，抽起一根煙，意會到，那並不是我或她的問題。

那就是，在她毫無防備的癱軟在你面前，我們見到了她朦朧的意識狀態，我們勃起了然後替她蓋上被子，走到門邊，閉上了眼睛。

當她懷抱著憧憬或展露脆弱的姿態向自己尋求溫暖，我們便閉上了眼睛，喃喃自語，

「事情並不是我想的這樣。」

做為一個人，怎會沒有慾望呢？怎會沒有，憂鬱的時候呢？

「我們必須確認她想的跟我一樣才行。」

至少，要看見未來的同一種風景。

這並不是單純的道德枷鎖，或性愛要被解放，在古語之中，怎會不見只是犯下悖德之罪而無悖心之人呢？多的是呢，外遇、出軌、戀人妻，愛人夫，哪怕是為了慾望，填補寂寞空虛的心，甚至被眾人目光鄙夷的戀愛。

但是這個是這個，那個是那個，想錯了，就糟糕了，這不是不被允許，或壓抑的問題，而是被利用，醒後發現是個恥辱。

通姦或者和姦，對刁姦和誘姦的差別是，「有目挑心與而共篤鴛盟，如此者謂之和姦；有計賺唇勾而毀貞喪節，如此者謂之刁姦。」

目挑心與，即為合意，共篤鴛盟，即男女之間，關於情愛的盟誓。

而我們憂鬱亦擁有憂鬱的認同，這也意味著，就算愛不到的，也會成為我的一部份，而我將因此更加完整。

我們將會保存她的本質，而不是使她一再的死去，她有愛，吾人亦有愛，而在其下構成的是，對於人之愛，之於此，我們掠奪她的毛髮，而不是取走她的眼睛，我們進入她的視野而不是使其世界崩毀。

初戀是什麼？初戀就是無中生有的過程，就像胎兒沾黏著羊水的睫毛，準備張開他的眼睛，第一次是什麼？第一次就是感受到他不曾感受的，建構一個未曾有過的世界觀點，儘管他知道一些雛型，或曾經聽聞過，但那和真實的感受，不盡相同。

那就像色盲之人，戴上了一副能看見顏色的眼鏡，他的世界將會重新排序，那個落差，就像他在尚未戴上眼鏡時，在單一色調中摸索顏色是什麼，怎能真正明白那是什麼？如此一來，還要以紅外線照射她的眼睛，並告訴她「這就是顏色」，如同對未曾飲酒之人，灌以猛爆的烈酒，對昏迷嘔吐的他說：

「這就是醉。」

「請你不要感到噁心。」

這樣的超越質和量的暴力，不管程度、後果、形式和選擇，置於退無可退的境地，怎能宣稱，這是性與愛的合一？

不過是一本厚重的字典，在乾淨的筆記本上寫滿腐朽的字，紋上老舊的刺青，被動的覆述，「這是一個美好的新世界」，請你背頌我下的題解。

所以只能走往瘋狂的瓊瑤去了。

最後看著那搖搖晃晃，歪斜步履的姿態，怪她，怎麼會瘋瘋的，說他，本來就是這樣，看著她而詫異，虛弱的在她鬢絲邊摩蹭著，我是為妳好。

越磨，越是不好。

我們來想想，什麼是「房思琪式的強暴」。

那應該是不能喊出聲來的，強暴，那應該是只能責怪自己的，強暴，那應該對這個世界徹底失去的信任，猶疑著每個人投來目光與言語，就像是一個ＢＵＧ，在那裡不斷迴圈，無法回憶，只能重複特定的景象，每個人看到那個ＢＵＧ，也只會自然脫口而出「那是一個ＢＵＧ」,「妳怎能成為一個ＢＵＧ」、「妳怎會是一個ＢＵＧ」、「妳怎能放縱自己成為一個ＢＵＧ」,於是ＢＵＧ更像是一個ＢＵＧ了，當她試著要告訴別人她成為一個ＢＵＧ的秘密，但是那呼之欲出的人形已經被杯葛掉了,因為新的世界不允許她說出那個人的名字,因為那個人他創造了這個世界，他是正確的，而周圍的聲音賦予了他權能，成為一整片政治正確，那時宣稱戀愛中的妳，才是正確的，那時陷入迷思中的妳，才是正確的，未死成的妳並不正確，將死時的妳亦不正確，死後的妳也不會是正確的。

因為已經過了時間，因為已經缺乏了證據，因為我們不能陷於錯誤，所以妳不能是正確的。

「房思琪式的強暴」是什麼？是一個人經歷過一次傷害後,失去了愛人的能力，她必須重現那個夢境，但是她一重現，就會被懷疑和責備，所以不能重現，重現了就表示自己是被損害的，或樂於被損害的，但諷刺的是，她已經被損害了。

所以成為了一個揮之不去的夢魘，時時出現在腦海中。

「房思琪式的強暴」是什麼呢？是城堡前面有一段路，路上有一顆石子，１７歲的她，純真而無知的，坐在馬車裡，正準備走過去，但是，「不行阿，思琪，不能走過去」，一邊吶喊著，一邊想「我必須拿走那顆石子」，但是，為什麼要拿走那顆石子，該怎麼拿走那顆石子，那顆石子的背後是什麼，不知道，不允許，不可說出來。

所以，閉上眼睛吧，ｂｒｏｔｈｅｒ，有什麼是不能知道的？有什麼是不被允許的？有什麼是不可以說的？

當我閉上眼睛而能感受到她的存在，以及這個世界其他人的存在，那我就知道了，我就被允許，沒有什麼是不可以說的。

因為我們對別人都負有責任。

他們做下了這許多事情
但他們仍然是可愛的
他們的可愛之處在於
他們是自由的

而後一個醫生
錯誤的解讀了這裡

他以為他們可以成為軍隊
可以化成他的手術刀

他們像個孩子
乖乖接受他的催眠曲
以為是一種反叛的象徵

其實是
把膽怯當成是勇敢
無知當成是聰明
反社會當成是一種理所當然

他們讓自己像個蒼蠅
讓他像個蒼蠅王

神父再度爬上那個祭壇
這回
獻祭的是自己
他拿著他的海螺
對著他們吹
「朋友啊
請聽我說
那個傢伙

是一個白癡」

人們怒不可遏
認為自己被愚弄了

新仇和舊恨
累積了起來
他搶走了他們心愛的玩具

他們也要搶走他的貝殼

當人群湧了上來
抓傷了他的臉

神父已經知道了
島上的鄉民
原來
早就被醫生替換成另外一群人

Chapter 3
柯文哲式的墮落

2017.09.09

愉悅的奴隸是自由最苦澀的敵人。

——瑪麗。馮。艾布納。艾申巴赫

２０１７年台北世界大學運動會，由台北市主辦，爆發了一連串爭議，先是開幕時反年改團體衝出封鎖線，釋放煙霧彈和鳴笛，雖然事發之時，台北市府警察局長強調，抗議者未突破封鎖線，也沒有施放煙霧彈，警方警備「滴水不漏」，但荒謬的畫面仍然不斷出現，各國選手消失，只有舉旗手在繞場。台北市長柯文哲在記者會上痛罵「王八蛋」，有楊姓網友在臉書上留言「請你告訴全台北市民，誰才是王八蛋？」柯文哲怒回「你和那些反年改團體。」世大運進行期間，有人在場外發送臺灣國國旗，不過在安檢時，都被警察沒收，甚至將其丟入垃圾桶，有阿根廷選手為了支持臺灣，披上了中華民國國旗繞場，被Ｆｉｓｕ（國際大學運動總會）警告，柯文哲回應「這不干我們的事，這是阿根廷做的！」另有黑衣人搶走只有標誌Ｔａｉｗａｎ字樣的旗幟，並將人抬出場等事件。

因為憲兵搶走了寫著臺灣的旗幟，柯ｐ把台獨旗丟在垃圾桶，所以臺灣的意識和台獨的旗幟，才得到矚目。

「你們應該感謝憲兵和柯ｐ！要不然臺灣和臺灣獨立沒人在意！」

他們說。

因為反年改團體阻礙了外國選手的進場，所以世大運才得到了矚目，票得以大賣。

「你們應該感謝反年改團體！」

他們卻不這樣說，按照這樣的邏輯，應該得到相同的答案，但是是柯ｐ辦的好，演說激動人心，用臉書，來制裁反年改團體，才讓世大運成功。

因為柯ｐ罵王八蛋，得到了４８萬個讚，所以柯ｐ是對的，

因為柯ｐ的演講有很多人說很好，沒什麼人說不好，所以那是一場成功的演說，遠勝台面上所有的政治人物，贊成他的人說，人民要的，就是這麼簡單，就是真誠，柯ｐ是超越藍綠的偉大領袖，反對他的人說，這是高明的政治操作，不管你喜歡不喜歡，他都進化成一個大魔王，你不能小看他，也不能忽視他，更不能罵他，罵他，票越多。

顯然這個現象，見果而拉因，果是後來看見的，因是隨意補上的，只要主角能搶先摘取果實，搞笑藝人能到攝影機前得個畫面，怎麼摘的，說了什麼，有沒有關係，都不太重要，群眾自有辦法將他們連在一起，主角踐踏的，就是不乖的果實，山崎才是男女糾察隊的主角，哪裡人多，就往哪裡去，風怎麼吹，我就往哪裡跟，風吹不到的，就把那旗子給用膠水粘著，朝向固定的方向，風吹垮的，就說那屋子年老失修，垮的自然，倒的活該。

這顯然是個弔詭。

既然只能眼睜睜的看著那個弔詭，造成自我認知上的塌陷，價值上的懷疑，而不能執一詞，又必須要凝視著他，那就是去掉他的可厭憎性了。

伏爾泰說，想知道誰在統治你很簡單，只要看看哪些人是你不能去批評的。

毫無疑問，柯p正在統治著整個台北市，不過不是近乎縮限言論，那樣的高壓獨裁手段，事實上，許多人正毫不吝嗇的大肆批判，但那是很容易辨別的，誠如蔡丁貴教授和王世堅議員，你必須將自己的腦袋打磨成一個尖，塑造成生理上厭惡的印象，好讓他造風時，成為一個丑角來訕笑，好讓它成為一個亞歷山大，映襯第奧根尼的無理取鬧。不容易辨別的是，另一股「不可以批判」的印象，存在於過往每一個批判者的心中，相較於那些已被徹底赤裸裸的被批判者，「你這樣批判不對」、「你批判的不公平」、「你批判過度了」，批判他們，可能會得到的反饋，對於柯p，你可能會得到「批判他會發生不好的事喔」、「他還沒到能批判的時候呢」、「你確定要批判他嗎？」、「你『批判他』這件事，就是不公平」。

所以那些批判者們，首先得要面對的是恐懼，他們得先承認一些前提，才有辦法唯唯諾諾的說些無關痛養的話，或者說反話，就像林彪說「毛主席是天才，毛主席的話句句是真理，一句超過我們一萬句。」或者文化大革命過後，儘管為了善後這場浩劫，仍要提出的兩個凡是「凡是毛主席做出的決策，我們都堅決維護；凡是毛主席的指示，我們都始終不渝地遵循。」

簡單來說，你批判蔡英文一例一休是謊言，或者賴清德不放颱風假，並不會有人懷疑你的價值觀，但當你批判柯文哲，即有可能會被懷疑「世界觀」產生問題，這就是去掉他的可厭憎性。

「你是不是誤會了？柯p沒有那個意思」、「柯p真正的意思是....」、「就算柯p真的是那個意思又怎樣？你們這些人還不是...那些理想阿、信念阿又不能當飯吃，根本不符合現實。」

有趣的是，當柯p改提起理想或信念這些東西，他們卻又很愛聽，並認為柯p是可以實現的，他是一個偉大的人物。

我們可以這麼說，柯p他正在統治著某部分的人心。

某部分的人將自己，移情到柯p這個形象上，柯p象徵的，就是一個兼具現實與理想的人物，他是自由的，沒有任何束縛，亦不用負任何責任和代價，卻擁有著理想，成為實現理想的代言人，他可以一手拉開袖子，收訥現實的利益，滿足自己的慾望，一手抬起，擠理想的奶汁，品嘗理想帶來的名聲和人望，並相信自己的無私、純真、美善。

就像一個Ｈ－ｇａｍｅ中的男主角一樣。

然而，服膺現實卻不放棄理想，一面向現實妥協，一面一丁一點的，設法讓理想滲入現實之中，付諸實現 ..... 這是一種，一面向現實屈服，一面高唱著理想，在現實的利益與理想的衝突之中，理所當然的收穫現實帶來的成功，並略去失去理想造成的損耗，稱「這就是理想－理想－已讓我完成」。

這是另一種，兩種很像，但完全不一樣。

兩種思維，可以使同一種行為，覆蓋了不同的解釋，能辨別的，就是他下一步，下下一步，它的整體，是往哪個方向。

往前走跟往後退的，必有一個地方，是有所交集的。

這個交集，我們可以宣稱，是往前走的人的功勞，也可以說，是往後走的帶來的效果，在那一個地方上發生的事，善於放煙火的，會格外醒目，人們目光中的知，會優先往那兒去，而人們會解釋它，符合自己的想像，於是，與此故因此，後此故因此，一個迴歸上發生的故事，我們承認他們擁有虛假關係。

以便符合自己的想像。

我們不能否認有一些變數或是奇引子，第三者或是催化劑，他們在這個事實發生的時間軸，佔據了一定的角色，但很多時候，他們就只是佔在那而已，真正推動一切的，是本質。

那本質就是臺灣之意識，當這個意識被壓迫的時候，他會彰顯，被激起的時候，他會彰顯，這個意識讓觀眾們進場，讓運動員擁有好表現，讓天氣變得晴朗，而不雨，也會讓想壓迫他們的人，不語。

任何人都可以乘坐在這個意識之上，無論是為了名聲，為了權力，為了錢財，為了理想，為了公平，為了他人，或為了自己。

凡損害其意識者，就會跌落。

今天很明顯的，有人把柯ｐ這符碼，替換了臺灣的意識，把奇引子或變數，當成本質來談，主辦人有主辦人的功勞，那就像是清道夫將場地打掃乾淨，那樣的功勞，主辦人亦有主辦人的過失，那就是像歹徒闖入音樂發表會的會場，讓鋼琴前空無一人的過失，難道那一句「我會負責」，找了個路人跟風罵她一句「王八蛋」，就等於沒有人有責任？事後再嘻皮笑臉的說「國家社會對不起反年改團體」，一手揮鞭子，一手送上糖果，又跑去反年改那邊，替他們說話了。

這可不是什麼就事論事，或高明的手法和感人的同理心，這是一個簡單的思維，你來鬧我，我就鞭你，鞭完了以後，順道偷丟了自己的責任，你很乖，乖乖的撿了起來，讓我得到了好處，我摸摸你的頭，說你很棒，也很可憐，只差沒說「幹的好」這三個字，幹的好，讓我的民調都回來了，部下也保住了，下次要鬧，記得鬧別人喔，不要來咬我。

說到了警察，就扯太陽花，不說維安不利，那對自己沒什麼好處，先吹噓自己英明神武，當機立斷，下令警方「還等什麼，抓人了！」彷彿無柯ｐ赦令，一干員警便呆若木雞，但事實是什麼？事實是警方已經在舉牌了，舉牌第一次，舉牌第二次，不過幾分鐘的時間，到了舉牌第三次，此乃法定的正規程序，他就突然ｃａｌｌ　ｉｎ進去，說不用第三次，趕快抓人了，先不說這樣的做法正確與否，無論是緊急的情況的因時制宜，或是法定規範的破壞，我們亦不講其價值研判，被舉牌的對象，是多麼的邪惡及王八蛋，拿這個東西，來吹噓自己的功績，進而掩蓋自身的責任以及整體安排上的失策，亦可窺見其思維之中的謬誤，在問題發生，大局即將排除問題的時候，突然插入幾分鐘已換取所謂的「小成」，這小成是否有助於大局亦或是種妨礙，本有待商榷，更重要的，是在阻斷真正在做事人之思緒，事後拿這來說嘴，更能窺見其看待問題的方式，以這小成，覆蓋整體事實已成為大成的印象，以那通電話來說，不過是在警察執法時，在旁叫囂的功效而已，那幾分鐘的電話若無，搞不好警察已經舉牌完畢，既完成程序也完成實質的正義，在真正的紛鬧之中，警察宛若人形立牌和人肉坦克，處於慌亂無助的時刻，這位市長不發號任何有效施令，不掌握實際情況，事後也不檢討警察為什麼處在這樣的情境，反而在警察整備後，大聲催促快點進攻，以為是解決事件的手段，正事不幹，歪事倒很會想，鑽縫隙而混淆他人認知，敢問市長，這若不是收割，何事才算收割？割還是割勞心勞力的部下，彷彿他們是一群木頭人，而自己是清醒的大智者，他們在像木頭的時候，需要你的幫助，你沒有，他們清醒的時候，你把他們搞的像木頭一樣，這等裡外不是人的窘境，這不是在耙豬屎嗎？這不是在轉移焦點嗎？這不就是在放一枚紅緋魚，你要那些警察，是埋怨你好呢？還是感謝你好呢？恐怕都很奇怪吧，處在一層思覺謬誤之中，而不明所以，恐怕才是真正的目的吧，於是事實被覆蓋，讓觀者難以評判，這難道不是一種謊言嗎？

難怪在事發之時，連局長都忙著跟媒體宣稱「沒這回事」，足見其謬誤本身，帶來的奇異現象，遇見了謬誤，事實都會置換，他說，世大運辦的失敗，找人算帳那就罷了，現在辦的很「成功」，換局長是「狡兔死、走狗烹」，可知那成功是維安上的成功，還是運動員表現的成功？是觀眾感知其國家面貌受到損害，憤而進場的成功，還是高層指揮混亂，基層設備不齊，任務胡亂編排，分組權責不清，手無吋鐵的員警用人肉擋飛罐，讓自稱老學長的無賴們將執勤警員逼入絕境的成功？

是無線電失靈的成功嗎？是臨時調派的場檢組，連金屬探測器都來不及學習如何使用的成功嗎？是基層員警便當餿掉的成功嗎？是巡佐被毆擊腫滿臉，還要上記者會展示的成功嗎？是要人檢查樓層，卻連配置圖都沒給的成功嗎？

然後二一添作五，自己不會生，牽托厝邊，自己不會游，牽拖卵葩大球，說太陽花學生都沒被起訴，方仰寧很可憐，身上背了很多案子，所以警察不服氣，連拿棍子都不想拿，這樣的市長，莫非是目幹乎？

我看前頭市長幹話講的精采，觀眾們興高采烈的歡呼，後頭搶Ｔａｉｗａｎ字樣標語的黑衣人，大搞白色恐怖，也就不算了是吧？

這等市長，這等局長，後知後覺，讓下屬不知不覺，事後再自比先知先覺。

真是大成功呢，如果這叫成功的話，那真是當觀者無知無覺了。

為何人們會移情到這樣愚蠢的柯p之上呢？彷彿柯p就代表了人民，除了草根性與親近的阿伯樣，亦有一種特殊的願望，在他身上湧現。

人們通常在現實與理想之間掙扎，現實有現實的好處，它可以帶來利潤，但也要付出代價，代價就是進入現實的世界觀，唯利至上，不分是非，有可能婊人也可能被婊，而永遠都有比你更婊的人，而你大部分的時候都是被婊的，而你可能，必須犧牲理想，放棄理想，甚至損害理想，來填補這樣的世界觀。

理想有理想的好處，理想的好處就是理想性，你可以獲得一個完美的理想世界觀，不違背自己的信念，亦不屈從於其他人，理想亦有利潤，獲得名聲、人望，甚至是與眾不同，可以稱做是存在感的東西，而且是眾人認可的那種，理想甚至能賺錢，不過只有少數人才辦得到。

人們對於理想的印象是，貧窮而又善良，堅持己見又不想沾染髒汙，理想者不會奪取他人的利潤，或主動傷害別人，他會捍衛他人的權益，在理想身旁是安全的，只要他不變臉的話。

然而，過度的理想是可能會傷害人的，例如，理想者告訴你應該怎麼做，怎麼做才是對的，具有一定理想者，似乎有評價他人的權柄，怎麼樣做，才是理想的，什麼樣的人才是理想的人，理想者意見特別多，有時候不發出意見，亦會產生意見，更多的時候是造成了個人的感覺，獲得肯定，好像自己接近了理想，得到了否定，就好像違背了理想，是自己錯了，自己沒有那麼理想，而感到羞愧。

然而，理想之所以會使自己產生羞愧，並不是來自於那些人施予自己的，而是存在於自己心中的理想性，發揮效用。

理想是「不動的」，所以過於理想的人，會給人無形的壓力，但更多時候，一般普通理想的人，什麼也沒做就產生壓力，一件事情，理想者不想做，但也不干涉其他人去做，如果我們認定那是稍微偏離理想的，那去做就好像失去很多理想那樣，理想的人看起來很優越，而自己被貶低，相反的，一件損害理想的事，如果有理想者一起參與，感覺就會變得很好，壞事就會變得沒那麼壞，反正理想的人都認可了，所以人們喜歡邀請理想者一起做壞事，那會看起來像是好事一樣，感覺幹什麼都行，得到一種快感和自由，也喜歡詢問理想者的意見，確認自己有沒有違背理想，是不是還在理想的世界裡。

對於理想，他是可愛而且可恨的，愛的是，自己是真實的愛他，恨的是，自己也擁有慾望，理想之所以會損害現實的利益，並不是理想有何實際的影響力，而在於人們心中，都擁有理想性，這是人們不能說的秘密，我愛著理想！就像愛著天使那樣，但我不喜歡心中的天使對我說教，我亦愛著魔鬼排放的糞便，因為那是如此美味，但我不愛魔鬼。

因此天使的損害是，無形中的損害，無形中造成事實上的損害，當我損害理想來獲取龐大的利益，天使便會出來喋喋不休，這就是天使的損害，與現實的代價，現實的代價就是你會獲得一個高的標準，高的標準並不是你無法達成，或者不想達成的問題（那依舊是現實亦有利潤），而是你開始向下挖掘的問題，你越挖，就會得到的越多，距離理想就越遠，當你習慣向下挖掘這個動作，理想就不再是理想，而成為現實的提款機，理想不再是一個標準，而是一個工具，一種束縛，你想擺脫他，藉由他獲取利潤，理想有一個特殊的利潤，那就是損害他，破壞他，就會獲得另一種現實而令你被供給的更多，那就是損害他人的本質，掠奪其存在，使其消失而爆炸的利潤，那是龐大的，難以計算，無人去探求的領域，一般來說，在現實之中，奪取他人的利潤是很平常的，但是奪取他人的心志，使其無法存活，是另一種截然不同的意義。

雖然往下「挖」的這個動作，有可能只是稍微觸及到他人的傷痕而已，一般持有理想者，或是現實者，為了自己也可能這麼去做，應該說，會遇到許許多多，很難不去這麼做的時候，但他們都會遭受到天使的損害，也就是說，即使一個自詡極端現實者，他都會知道自己在幹嘛，別人也都會知道他在做什麼，他挖的時候會遭受到他人唾罵，即使自己是不以為意的，但是也會因他人的反應而受到影響，即使他沒想那麼多，我這樣挖下去會死多少人，但他仍會有所感受，如果他殘餘的理想擁有作用，那麼他會感到自責，這自責會讓他有所節制，自責並不是因為他人的目光，而是感到自己違背了自己的原則。

所以天使的損害，是無形中，來自他人以及自己給予自己的損害，可以稱之為心之損害，若我們把他訴諸極致，那就是一種抑制和防衛作用，其本質，就是同理心，以及，與眾人共享之自身的智慧。

理想的世界，若探求他的本質，就是與眾人共同存在的自己的世界，現實的世界，若將它訴諸極致，就是只有自己而無他人之世界。

所以損害理想，通常會有可厭憎性來補償之，過於理想也會令人討厭，不過那是使他人感覺自己要被消失，的那種討厭，損害理想，是他人感知道其他人，連同自己，都要被消失的討厭。

如你挖到本質，那可能會被其他人所制裁，挖了一點點，就到了被討厭的層次，只是「挖」的這個動作，理想就會有所反應，在你還沒挖到本質之前，他都可能小小的或無關痛癢的，一種自我的防衛機制，一旦理想被徹底揭開，比如某個人死掉了，你手上拿著他的身體製作的蠟燭，那麼，他可能會化成惡意，那可能和理想無關，是單純徹底的憤怒，一種為了自身與他人對世界想像的塌毀，所造成的無情的復仇。

所以，理想不過就是在這個為了自己與他人，感到本能的憤怒，或許可以稱之為義憤，之前，暫時隔絕其外的一種警告，不如說，理想其實是安全的，至少在天使面前，你是存在的，天使所做的，不過就是告知你心中的理想世界是什麼樣子，以及，他人心中的理想世界可能是什麼圖像，然後，他人和你世界的相似之處，會是什麼樣的風景。

一般來說，天使的損害若是實質上的，不過就是告訴你「事實」而已。

持有理想去爬梳現實，會發現有很多事都不能做，很多東西都得不到，用理想來框定自己，你會發現一堆損害理想的人，才能得到龐大的好處，他們越損害得的越多，他們是被討厭的，也是被崇拜的，他們交易的東西你看不到，他們付出的代價你亦無所感知，因為人通常只會看到其他人成功的一面，當你也想要那樣的話，你是抱持著慾望的心理在看他們的。

看久了，這樣的心理有可能導致你懷疑理想，甚至感覺到持有理想並沒有給你回報，反而遭到拖累，是因為我過多的理想性，在妨礙我，在阻止我進步，理想沒有給我好處，在我試著放棄理想，而追求現實的利潤時，我反而得到的是罪惡感「那不是我的理想」，最後才發現，理想一直都在，我只是暫時遠離他而已，有些人會把他昇華成一種享受，甚至是自信的感覺，或修正自身之理想觀，很多時候我們只是過於責備自己罷了，我的理想太高了，也許我們得像羅蘭巴特寫戀人絮語那樣，「我心甘情願地撇開了濁世強加給我的種種瑣事、規矩和違心的舉止，為了做一件不帶功利色彩的事，履行一個光彩的職責：戀人的職責。」

但相對於一些人而言，他們會憎恨理想。

在那些宣稱因理想而獲得成功的人，我們會發現他們的理想並不純粹，甚至很虛偽，甚至根本是依靠現實和損害理想，才辦到的，只是包裝成很有理想的樣子，當然，有些人可能是無辜的，他們並沒有放棄理想，只是按照現實的法則去做，但他們強調理想而不講現實，則顯得沒什麼說服力。

損害理想而得到現實成功的人，強調理想更像是個謊言，我們樂於戳破他，如我們將「損害理想」這件事嚴謹的看待的話，那麼谷阿莫或是聖結石之流，也算是另類的損害理想了，他們把「現實的手段」當成「理想」來述說，進而吞噬真正理想的存在，會被眾人所厭惡，亦被眾人所盲信，我想至少被厭惡而踢下理想的神壇，也並不奇怪。

這樣的人有很多，他們心中亦有著理想，也許也有著純粹的那部份，但並不多，聖結石可能比谷阿莫還多，也許我們該質疑人們為什麼相信他們，質疑為什麼相信這種「理想」，而非簡單的思維，去質疑他們「為什麼相信理想」，相信理想並沒有什麼問題，有問題的是，人們為何將滿足慾望，視為是一種理想性，然後投射到理想本身，認為看到他們滿足了慾望，也視為是一種自己心中理想的滿足。

你得承認一件事，他們終究辦到了常人辦不到的事，但麻煩，只是承認這件事就好了。

我們回到了柯Ｐ身上，他並非谷阿莫，也非聖結石，應該說，他本身即是謬誤中的謬誤，所以這讓一般人更難以有所知覺了，我們不能說，他造成了如馬英九那樣劇烈的損害，事實上，他們思維型態是不同的，這謬誤中的謬誤，搭配著人們的移情，造就了各式各樣的錯覺，使他看起來牢不可破，但其原型也不過是一種簡單思維罷了，簡單思維並不可怕，而是人們凝視這個謬誤造成的各種另人意外的覺知和想像，甚至是期待和滿足，把滿足於本我的東西，描述成滿足了超我，要知道，谷阿莫原本也不過是一個剪片和字幕組，甚至是ＢＢＳ上會雷人的懶人包而已，在他之前，不少人就幹過，但是他們並不幹的那麼徹底和氾濫，或者是幹到擅自爬上大眾理想的位階，因為他們有理想性——分享，創造力和不藏私，就像一個科學家意外的發現了能安撫人的心靈放鬆劑，而有人拿來製作毒品一樣，這會讓那個科學家懷疑自己是否也犯了罪，而毒品大亨，也會混進去自稱擁有科學家的精神，他們每個都可以是谷阿莫，但是他們不這麼做，除了他們並不笨以外，他們擁有較多的理想性。

「簡化，正是不幸的來源之一。」

Ｂｙ　名為變態的神父

簡單，並無甚錯誤，簡化，可就麻煩了，簡化，除了讓事實倒錯，責任移轉，分不清是非，用簡化的想法看簡化後的事實，更顯得像是真理，而使人盲信之，那才是真正可怕的地方。

我們可以說，關於理想的利潤，並不只是避苦（免於被責罰），或是名聲、人望（他人看待自己的觀點）與其帶來的實際利益（與現實利益相較，理想的利益無非也是種現實），理想本身其實並沒有什麼利潤可言，理想若有利潤，那就是對於該人本身，立足於世間的自信。

名聲、人望、權力、存在感，乃至於金錢，亦能帶來自信，但和附著理想之自信，仍然有根本的差別，乳齒與恆齒的差別，理想所帶來自信，是光是存在著就能對世間以及他人，無論是少數或是多數，有所助益的那種自信，意即「這世間怎能少了我」、「少了我將會多麼無聊阿」、「就算我消失了，曾活過的事實亦存於眾人感知之中」，所以持理想者，只害怕理想沒有被人看見，沒有被任何一個人，因為那樣的理想，等於是白費了，只要有一個人看見，他將會永恆的存在，並影響著那個人，理想之於自我，就是自我認知自己的絕對存在，所以理想是不動的，「理想中的人」的自私，就是把自己的名字掛在理想身上。

所以說，馬英九也具有理想性，但是他之於現實的利益，或損害他人乃至於損害理想，他面對種種的矛盾，乃至於理想的責罰，他採取的並不是把「現實」扭曲成「理想」，而是將理想進行典範的轉移，成為一個特殊的「理想」，該說，他的形式是不變的，甚至和一般理想者，沒什麼太大的差別，他只是把臺灣的理想，轉移到中國的理想去而已，對於臺灣的諸多不幸，若之於一個理想的中國人來思考，那它就不會是不幸，而是幸福來臨之前的不幸觀感而已，別人之所以感到不幸，是因為他不明白他將來會有多幸福，臺灣之所以感到被壓迫，臺灣的經濟之所以不好，臺灣人之所以憂傷、孤獨，乃至於自己製造的諸多不幸，若身為臺灣人的總統，自己將會違背理想，那麼，成為中國臺灣的特首，站在遠古的中華民國的理想，站在身為中國人的理想，我將會化干戈為玉帛，得到諾貝爾和平獎，將會化解一切的壓迫和民族矛盾，臺灣人將會走出去，我也將代替臺灣人走出去，臺灣人變成優秀的中國人，戰爭將會結束，世界和平，兩岸共存共榮，這不但是世界的願望，也是中國的願望，中華人民的願望，更是臺灣人心中隱藏的願望。

於是就是我的願望。

我是為了他人的福祉而如此做的，所以他踏上馬習會的路途之上，是沒有罪惡感的，喝下晚宴的交杯酒，是幸福的，他完成了理想，一夜之間，就被統一了，就算臺灣人一時會想不開，但是往後就會明白自己是幸福的，身為中國人，中華民國的人，是多麼幸福。

他的理想，就是在臺灣追求中華民國的最終幸福，一個中國，在臺灣追求中國的幸福，這是他根本的錯誤。

我們可以說，在臺灣，這樣的人並不少，不過症狀的輕重而已，他們認為在臺灣過的不幸福，所以產生如此的想像，想必，也有不少人擁有馬英九式的理想性，只不過他們不是總統，無足輕重，所以，他們相信習近平所說的中國的飛彈不是對準臺灣，只要這樣想，中國的飛彈就是穿越了臺灣海峽，對準太平洋還是某個洋外的洋人，中國的飛彈就是保護臺灣的，並不是相信習近平所說的，而是他們真的如此相信而已。

所以我們知道理想，是可以扮裝的，理想是不動的，但我們可以更改他的座標，更改他的方向，並說這也是理想阿，這也具有理想性，這是……

這是謬誤。

這是用理想來掩蓋狗屁倒灶的事，掩蓋自身的錯誤，轉移自身之責任，這是「可以扮裝的理想」，是幻想，說的好聽些，是「你的理想跟我們不同」罷了。

既然我們知道了「憎恨理想性」，與「可扮裝的理想」，當理想被玩的面目全非，損害理想帶來的現實利益，以及理想本身的利潤，自我說服與說服他人，以及理想的「天使的責罰」，這會讓持有理想者，產生憎恨和忌妒，憎恨，是憎恨理想給予自己的制約，對於他人的無法制約「為什麼那種人可以？」、「為什麼那些騙子可以說自己是有理想的？」，憎恨，是憎恨理想本身，忌妒，則是忌妒那些現實主義者的利益「為什麼不是我？」、「他憑什麼？」，於是認為堅持理想是沒有回報的「理想有什麼用？」，但是又害怕過於現實帶來的天使責罰，簡單來說，「想當和尚又不想遵守戒律，想當奸商，又不想背奸商的罵名，又自認有和尚的清高」，這類「富有的和尚」、「充滿理想性的商人」是一般人「魚與熊掌都想兼得」的想法，再經由簡單思維產生各式各樣的變體（在此澄清，「魚與熊掌都想兼得」其實滿正常的，也並非不可能，只要你願意下真正賭注的話）這些變體之中，假定自身之意志，又無視對方的存在，即有可能成為向下挖土的妄想。

將「現實」扭曲成「理想」，是一種，但用持有理想的腦袋去看，其實很好看破，但柯ｐ式的妄想，又增添了另一種，不是將理想做任何挪動，而是將理想本身的形式做改動，並不是「何種理想」的問題，這個是理想，那個是理想，而是「怎麼快速有效的到達理想」的問題。

意即，先「理想有什麼用？」接著，「理想該怎麼用？」

將「理想」解構成「現實」。

你說，這樣不是很好嗎？將理想解構成符合現實，這是腳踏實地的做法，噢，我必須說，這是一個樂觀的看法，但我說的是，理想解構成「現實」，而不是「符合現實」。

答案已經下了，理想沒什麼用，所以我當廁所的衛生紙那樣使用。

舉個例子，有個人說，「我想飛」，有人回答他，「我知道了，你想當隻雞」然後他用報紙做了雞嘴巴，再用塑膠袋做了雞冠，裝在你身上，說你的願望實現了。

若以符合現實來說，那麼應該試著研發載人機具，雖不是雙手攤開在天空中飛行，但至少要已現實模擬那種感覺，去接近願望本身，若有人以電風扇吹著，說這就是達成了願望，亦不是符合現實。

解構成現實，就是貶低理想本身，雞冠、報紙、電風扇，這些都是現實中的現成道具，對於理想，並不只是降低期待而已，而是把理想的層次，強制拉扯到低處，並加以拆解、敉平，下降到現實的層次，賦予與現實相仿的定義，使其無法分辨，可能是該人不懂得「理想」是什麼，不是不懂得飛是什麼，什麼樣叫做飛，而是無論怎麼想，他都必須被解構，例如飛就是離地面三公尺之類，跳也算是飛，當你跳起來，就別想飛了。

你應該滿足。

當理想解構成現實，那理想的概念就不復存在，在此思維中的理想存在之處，任何東西，都可以篡奪他的位階，而理想本身也可以因個人需要，貶低到現實之下的原本「損害理想」損害人的本質，即使理想並沒有，但可以以此思維來解釋，理想跟現實沒有什麼不同，在飛雞的例子中，他比較接近夢想，一種個人的，較為擴張的自由想像，但回到理想本質，他可能是眾人的，待實現的，可以實現的，與眾人有關，可以抑制個人對於他人的本質損害，那樣的利他屬性。

即，當理想解構成現實，侷限在個人所處的生活中，這思維可能沒什麼關係，甚至是無害的，但如果他擁有管理眾人之事的權柄，或將此思維加諸於他人的影響力，那會是有害於他人而且整體福祉。

這不只是像一般政客的陳意過高，自己做不到而欺騙大眾，而是自己沒必要做，所以麻醉大眾，屬於自欺欺人，而且他本身可能認為這就是真實的，他並沒有說謊，引虛而入實，使原本該實現的，停滯、倒退，乃至於消失，有趣的是，它基本上契合群眾「對理想的憎恨」，於是一種特殊思維和特殊需求交錯在一起，就像用飯碗來盛烈酒那樣，他原本可以倒茶的，但為了服務一小撮「貴客」，所以改倒烈酒，損害理想他是ｏｋ的，而群眾的飯碗原本用來裝飯，但因為一些特殊原因，改裝了酒。

於是在場外看戲的就有趣了，對於個人理想不怎麼濃厚的人來說（但還沒曲解到憎恨理想），看到了這個賓主盡歡的現象，就會呻吟著「天阿，原來我所期望的飛翔的竟然是一隻雞！」然後悲觀的，拿起報紙和塑膠袋戴上，並覺得對方真是太可怕了，太強大了，另外一些人沒有意識到理想這個型，已被徹底玩弄（也許他的理想是游泳），飛行根本和他無關，或他並不太在意，對於飛行這個理想本來就不太贊同，了解不夠深刻，倒是很樂於欣賞這種畫面，認為這不過是一個輕鬆的喜劇，事實上，這種思維如果成立，那就是哪一種等著被抓來玩弄而已，只要手握權柄的那位，有他的需求的話。

這並不是務實，而是鄉愿。

看起來忠厚老實的樣子，實際上，幹的是不分是非。

鄉愿的危險在哪？就是個人的判斷能力，以及，影響群眾的判斷能力，進而干擾事實，比如說，「去蔣化就是看不順眼把你幹掉」把去蔣化，簡化成看不順眼，不過人們為什麼會「看不順眼」呢？這個東西就沒了，就沒人去探討了，而自己轉型正義這一塊，就不用幹了，只要「歷史資料平和、中立的公開，不要有政治目的」，「這樣就好了」。

而蔣介石銅像的定位，從「不得已的存在」轉型成「理所當然的存在」，因為只是「看不順眼把你幹掉」而已，關於轉型正義的理念，甚至其本質「轉型正義並不是報復」、「轉型正義是寬恕」，會在無形中被化解於無形，這就是鄉愿的殺傷能力。

而我們一窺這樣思維的本來面貌，它就是一個很簡單的思維，跟正義阿、現實阿、理想阿、效能阿，其他人的觀感和深刻的辨證，都沒啥關聯，就只是看到父親每次出席二二八紀念會，都會哭著回來，所以他想「乾脆這個日子消失好了」，這還會吸引一干人等，感念他的處境，設身處地的為他思考，他是多麼具有同理心，確實，不過，他可能很有情感同理心，但沒什麼認知同理心，爸爸為什麼哭？這件事，他沒有去想，只覺得爸爸哭，被感染了悲傷，他不想要爸爸哭，因為他去參加紀念會所以才哭，所以就讓這個紀念會消失，連帶這個日子消失，就不會有人哭。

我們來想想「符合現實」的那一面，這個日子如果消失，我想會有更多人想哭，但是他沒想到這個，他只是不想哭，不想感到難過和悲傷，這不過就是低等的移情作用。

如果意識到這個鄉愿是可以操作的，而能有利於自己的，那麼，事實、責任、真相，就會徹底的逆轉，他可能只要一朵花，就燒死了整片草原，然後移情到他身上的人，還會稱讚他燒的很好，甚至進一步的，去燒更多的東西，草原存在的理由被奪去，而群眾會相信，草原根本不該存在在那裡。

在世大運釀起的各種事件，無論臺灣獨立旗被丟到了垃圾桶，Ｔａｉｗａｎ標誌旗幟被憲兵搶奪的事件，乃至於阿根廷披國旗進場，柯文哲對這些事情描述的觀點、看法、評論，可以一窺此知的缺陷，以及造成的負面影響，臺灣旗被丟進了垃圾桶，他說，臺灣旗是人們自己丟進去的，他們在那裡搖阿搖，然後開始檢查，於是就有個桶子，人們看到有地方丟，於是就丟進去了，故事就是這樣。

但工作人員是否有去阻擋呢？警察是否有做任何指示呢？這樣看來，好似人們看到了檢查哨，自動自發的自首，放進了垃圾桶裡，這個罪，便是持有臺灣的罪，所以桶子裡自然都放了臺灣旗，沒有別的，這個會場裡唯一被認證的政治性標語。

我們發現柯文哲似乎善於製造這種「現象」，而且幾乎都被認為是非本意的，和他沒有半點關係，沒有人可以怪他，若有人怪他，便有一群人如媽媽抱著孩子，去責怪質疑他的人，於是乎，這個無辜的孩子，便樂於製造這種現象，玩弄這種現象，乃至於將人們心中重要的東西給燒個精光，還認為自己是沒有錯的。

他不說句抱歉，也不說「我可以做的更好」，對於抱歉的對象，反倒是那些真正闖了大禍的人，傷害了自己，應該保護的東西的人，因為那份自私，是可理解的，但是那份自私，損害了我的利益，所以我臭罵他們，攻擊他們，當他們變得無害，我反而高興了起來，替他們開脫，說幾句好話，彷彿他們犯的錯，只是因為讓我不開心而已。

「別讓勝文不開心。」

這句話，在選戰時，形容他的對手，猶言在耳，現在，他彷彿成為那種樣子，用一種極度自我中心的眼界，去看待眾人的事情。

然後拿著只寫著Ｔａｉｗａｎ字樣的旗幟，被黑衣人搶走，五花大綁帶進了警察局，他說，他相信他們一定不是因為拿旗子被趕走，而是在那邊大吼大叫，才被取締的，就是這樣。

「如果你安安靜靜的在那邊搖不就沒事了，其實我事先就講過」這就有趣了，市長，你上幾秒才講過，有人在外領個旗搖阿搖，就被檢查了，如今這些人反而是沒有好好的搖阿搖，所以才被抓，是搖的不夠好看嗎？還是搖的太大力了有礙觀瞻？他們說，他們是被憲兵搶了旗才大叫，如今反而變成大叫了，憲兵才來。

然後說，你看，旁邊的民眾都叫他出去嘛，連旁邊的民眾都反感，所以是他自己有問題，這般愚蠢的思維，短淺的目光，宛若公正世界發生了偏誤，跟檢討被害人有什麼兩樣？

如果一個人在車上被性騷擾，她大叫，旁人不明所以嫌她吵，她是為什麼叫呢？好端端的怎麼會無緣無故大叫？說她叫的太大聲，所以是她有問題，說她衣服穿太短，所以吸引人去犯罪。

於是乎，你看到了一個劇場，一個人在台上講著臺灣、臺灣，講了１１次臺灣，每講一次，彷彿革了一次命，群眾歡欣鼓舞，感激涕零，搖旗吶喊，台下另一個人拿著「Ｔａｉｗａｎ」的旗幟，無聲無息的被憲兵捉走了，在那個人慷慨激昂的演說聲中，被掩蓋，群眾說他不乖，罵他做了壞事，轉過頭來，稱讚那個人，說他把臺灣說的真好，那個人，就是我們的市長，未來臺灣的總統。

那個臺灣，是裝飾用的，用來裝飾他自己，那個臺灣，是來避險用的，用來阻止其他人的質疑，那個臺灣，並不是真正的臺灣，是１１張廁紙，用來蓋住他們眼睛，遮住他們的嘴巴，麻醉他們，使他們狂喜。

那是只有他一個人的臺灣，只有他一個人說的盡興，而其他人被驅逐出場，他是裁判，亦是明星球員，是經紀人，亦是教練，對著空氣擊打，射出好球，然後大汗淋漓的躺在草地上，被選上的啦啦隊們，內心被射中了，耳朵懷了孕，紛紛流著淚水，替他喝采。

多麼美的畫面。

讓世界看見臺灣，他說，結果世界看見的是ｕｓ，ｗｅ，唯一接近臺灣的是ｎｏｒｔｈｅｒｎ　Ｔａｉｗａｎ，臺灣北部，北臺灣，他是說，在北臺灣的一個競技場，這種東西，不說還好了，說了根本就是可笑的，臺灣在哪？根本一個臺灣都沒有。

此即為將「理想」解構成「現實」。

理想，是本該可以完成的理想，現實，是一個人自行竄改、簡化的現實。

好比那孫文宣稱的１１次革命，看到別人成功了，就把另外１０次塞進去，宣稱是自己的成功，因為那１０次和自己是有關聯的，但那自己挑選的１０次有９次都不在現場，唯一的一次是從前線逃跑，說自己是要去幫大家籌備武器。

這樣的人，還有人說他是建國派，他要是能建國，大概是建另一個中華民國吧，這世界已經有兩個中華國了，還要第三個做什麼？

他如此辯解，大會主席是留學中國的俄國人嘛！副主席是中國人哪！兩岸關係實質倒退阿！他說檢查人看不懂中文，英文他們就十分的堅持，又說臺灣人看

不懂國旗，先不說那留學中國和中國出身的主席和副主席，又怎麼不會去看了，話鋒一轉，又佛洛伊德式的說溜了嘴，

「我跟你講，世大運也可以做得很爽，把中共打臉幹什麼的，問題是我不太贊成一時的爽快。我跟你講，現在大陸是還沒十九大，你等到十九大完，你看它怎麼對付你。」

「我是不贊成吃乾抹淨的作法，我也可以在這次世大運把它吃乾抹淨，反正我在臺灣辦，你想怎樣？但是我覺得不要逞一時之快 ....」

所以他是應做而未做呢？還是不應做，他設法用１１次革命，喔不，１１次臺灣去突破它？如是這樣的話，那蔡英文顯然才叫「符合現實」與「務實」，一句ｗｅｌｃｏｍｅ ｔｏ Ｔａｉｗａｎ！臺灣外面的世界明白了，臺灣人明白了，不管是留學中國的俄國人，還是中國人的副主席，想改都改不了了。

對照阿根廷選手披國旗進場，而被ＦＩＳＵ警告，他先向中國喊話「這不干我們的事，這是阿根廷做的！」然後對於相挺臺灣而遭到警告的阿根廷代表隊，他則回應「還好啦，被警告也不痛不癢的」，這也不奇怪了。

所以，這不是柯文哲本身是善良／邪惡的問題，基本上，那在那一股鄉愿之中，已經無從判斷了，而是他思維的缺陷，造成群眾認知上的偏誤，已經到了無以附加的地步，從前臺灣的意識，是只能做不能說，現在，是只能說而不能做，而且說，只有一個人能說，只要有其他人說了，不是他想要的，就會被佐以現實的壓迫，和情緒的勒索，過往，是別人將手銬銬在臺灣人的手上，現在，是臺灣人自己將自己加上了腳鐐，並讓他們捧成領袖的小屁孩，將手指放在嘴邊，警告他們「噓，現在要匍伏前進，不然中國叔叔會不開心。」，他一邊揮舞著樹枝，一邊說著往這邊爬，於是人們戒慎恐懼的，俯著身子，膝蓋磨地，往泥濘的小路前進，有人覺得奇怪，就站了起來，小屁孩就拿樹枝敲擊他「你不知道中國叔叔有多可怕嘛！」使他蹲了下去，走在「正確」的道路上。

好不容易爬到了終點，小屁孩高興的說「我們到了」，那前頭有個人，原來是他口中的中國叔叔阿，那些人跪著，膝蓋磨破了皮，手肘流出了血，感動的流下淚來。

「終於阿，我們終於走到終點了。」

沒有人發現有什麼問題，因為小屁孩的笑容拯救了他們的心，
「臺灣！臺灣！臺灣！」

小屁孩再度揮舞著樹枝，

「臺灣、臺灣、臺灣、臺灣、臺灣、臺灣、臺灣！」

「臺灣！」

小屁孩說，他達成戰略上的成功。

當理想落下之時，與現實的躪頏攪和在一起。

我們不知道他是怎麼落下的，各種人，各式各樣的思緒，想必是人們期待他落下的吧，憎恨著他，又想持有他。

有些人撕碎理想，感到快樂，認為是高掛在天空的他，刺著他們眼睛，燙了他們的皮膚，使他們感到難受，所以就鞭打他，或讓人們看著他們鞭打他，以為這樣自己有不會痛了。

不明所以的人們，走上前去，用饅頭沾染理想的血，捧著，喊著「理想－理想就在我手中」。

落下的理想，在天空仍有個位置。

人們將各種慾望丟上去，成為了一個新的集合體，高興的說著「理想！理想多麼美妙呀！我就是要這樣的理想！」他們一邊追著，一邊跳著，一邊飛了上去，那其實是現實，逐漸向下墜落的現實，飛起來的人，不會被討厭了，追逐他的人，亦不會感到自責了，飛的越高，挖的越深，但沒人去管他了，因為他們早已去除

了可厭憎性，他們都上了天堂，他們削尖了竹竿互相戳刺，濺下了鮮血，墜落的屍體交疊在一起。

無辜的人四處奔逃，猜忌著別人，為了保全著自己。
「那不過是場小小的戰爭遊戲！」

惡魔說，去吧，去做吧，做的好呀！小屁孩歪著頭，轉而詢問心中的天使「是阿！去做吧！你沒有錯！你是對的！」

小屁孩點點頭，他很高興，揮舞著竹竿，他又重新找回了理想。

多麼美妙的理想呢，多麼簡單的理想阿，將天使替換成惡魔，將理想埋葬於土中，這就是可以扮裝的理想，而永遠都不會有人識破。

有人說小屁孩的演說，是震懾人心的，是前無古人、後無來者，充滿愛、寬恕、希望，感謝。

真的是如此嗎？

也許連裝著風之加護的人，也未必看的出來，我不會說，那是一場失敗的演講，我會說，那是一場，不知羞恥的演講。

那是如古希臘的辯士，那樣獲得多少利潤，就說什麼話的演講，看見什麼是對自己有好處的，就說的精采，什麼對自己有壞處的，就避開不談，純粹而且真實的謊言。

是能把前一天晚上在馬桶上便秘的憤怒，轉化成今天早上符合眾人想像的激昂，那樣無價值、無信念，徒然只剩下空殼和矯柔造偽的演講，因為情緒是這樣子的，把人推到搖搖欲墜的吊橋上，因恐懼而蹦蹦跳的心，就能解讀成戀愛的喜悅。

「感謝郝龍斌前市長」他說，「我的幕僚第一次寫上來，是沒有寫郝龍斌的。我跟他講，我們是希望在世大運之後，臺灣能更團結、不是更分裂坦白講在這之前，大家不是看衰、冷嘲熱諷、講壞話、不要臉，什麼都有、都來了。但我們希望臺灣能更團結、不是更分裂，所以說算了，該感謝就都給他感謝下去。」

不過，他並不是不知道郝龍斌之前的邀功之舉，又經歷網球場沒屋頂過熱的批判，被怒罵「里長，還我屋頂」，他推說是柯砍了預算，甚至看衰。

此時感謝他，人們說，柯凸顯了高度，而郝龍斌呢，被冷嘲熱諷、講壞話、不要臉，什麼都有、都來了，他一感謝完，對方就爆炸，他不能反駁，而且還要謝謝他呢。

他說，「這場運動盛會，讓臺灣用運動和世界交朋友，讓臺灣更緊密的融入國際社會，讓世界看見臺灣。」

不過當朋友為了臺灣人披上旗幟，而獲得了警告，他不關心他們，反而擔心自己會被栽贓，說不干我的事，警告不痛不癢。

他說讓世界看見臺灣，不過世界在他的演講稿裡，只能看見一個臺灣的北部，而看不見整體。

最後，他揮舞著不合拍的手指，用裝作凌厲的眼神，說道，

「美麗島－福爾摩沙，將繼續帶著海洋子民的勇氣，和開放的胸襟，勇敢的航向全世界！」

他說開放的胸襟，但卻指責攜臺灣旗幟的人，說他很吵鬧，說他自己有問題，他說，勇敢的航向全世界，那人卻被抬出了場外。

有一位ｂｒｏｔｈｅｒ說的很好，他說，不知為何，這個海洋民族總是在你看他快醒過來的時候，卻又突然睡著。

答案不是很簡單嘛？自然是因為船頭上，有人在放催眠曲，人們半閉著眼睛，張開嘴巴，流下了口水，朦朦朧朧的，把乞丐，看成了是拿破崙，流氓，以為是蕭邦，看起來就像要醒來的樣子，那些眼睛張太開的，以為真的可以醒來，卻被嫌太吵了，

而被踢下船去。

所以其他人看到了，只好閉上眼睛。

閉上眼睛，海洋子民、海洋民族，海洋的國家，一個人影，在我腦海中，慢慢浮現，這是已故的海洋大學教授，廖中山，所倡議的理想。

他說，「認同臺灣，別無祖國」

「在臺灣獨立建國的行列上，外省人不該缺席」

「在臺灣島上之所有住民不分背景早已是血濃於水、命運與共，各族應攜手合作為永世後代共建揚棄中國封建思想文化之新海洋國家。」

他說，他在外省人臺灣獨立協會上說，他在海洋臺灣文教基金會上說。

他的口調是河南腔的北京話，並帶了點台語，對著麥克風，侃侃而談，他並不算是十分會說話，聲音有點尖，還帶點捲舌，說到激動處，甚至還會破音，但不知為何，他聲帶中傳來的，是一種濃烈的、溫柔的、堅定的信念。

那並不只是用眼神來表達而已，而是用臉上的皺紋，用他的身體，用他身體深處的靈魂，用靈魂表現的人生。

而擲地有聲。

我在想，眼前這個人，說的話，似乎有點奇怪，和我腦袋裡想的這個人，又有分外的不同。

是哪裡不同呢？廖中山所說的海洋，廖中山所抗拒的陸封，廖中山所登的玉山之巔。

我想了好久，才明白，

原來，是因為他有愛阿。

而他有礙。

柯文哲說，這次世大運口號是臺灣走出去，世界走進來，讓世界看見臺灣，因此這次雙城論壇，把台北街舞團隊帶到這裡，讓世界看到臺灣，這就是把臺灣民意帶到世界去的最好例子。

他當時在那裡表示，「秉持兩岸一家親信念，建構兩岸命運共同體」，並稱兩岸關係，就像夫妻關係，床頭吵，床尾合。

近來，有一對夫妻，被拆散了，夫在中國的法庭審判，妻在臺灣，正準備前往去營救她的丈夫。

她叫做李淨瑜。

柯文哲先生，你是否會覺得是她的丈夫沒事跑到中國去，所以才被抓呢？是不是會認為她的妻子太吵，是他們自己的問題？

柯文哲先生，你懂美麗島的美麗嗎？你明白福爾摩沙的細緻嗎？

你擁有海洋子民的勇氣嗎？

柯文哲先生，你說的，怎麼跟你做的不一樣？

有人說你賣台，我認為這說的太過分了，你並沒有賣台，你只是讓臺灣具有可賣性，把原本不能賣的，變成了可以賣的而已，哪天他突然被賣了，也不干我的事，一定是臺灣人自己要賣的。

如果這就是你的理想的話，而群眾相信著這樣的簡單思維，並認為這值得連任，甚至應當選上總統，成為他們的英雄。

如果是這樣的英雄，那我必須打倒他。

我的思維亦是簡單的，

我不會投，你就不會上。

昔日，鄭南榕發送臺灣獨立展望一書，遭到朱高正制止，今日，有人發送臺灣獨立的旗幟，被柯文哲為難。

今日，就代替全臺灣人打你一巴掌。

II
意識與變態

神父離開那座島
悄悄躲進
自己的雪屋

偶爾會夢見 過去與人們一同觀賞的劇目
三個牧羊人 舉起一個滿臉微笑的巨嬰
他也曾經是 舞台上的那一顆星星

而今
人聲已離他遠去
不再有人跟他說
「神父，我有罪」了

但他仍然一點也不後悔

他像是離開雅典的亞里斯多德
偶爾也會羨慕起
迪奧根尼

夜晚門外傳來了
風與雪的呼嘯
那像是千軍萬馬
在那屋子外頭奔馳

但神父知道
外頭已經沒有人了

不需要恐懼
也不需要嘆息

這裡只剩下
孤單的自己

他不是沒有感覺的人

夜深人靜的時候
偶爾會聽見
自己內臟的悲鳴

在火爐前面
他呆呆著望著
苦苦地思索

問題的答案

無數個夜晚過去
今天早晨
他的茶壺裡結了冰
冰裡頭
映照出
他蠟黃的臉

剎那間
他明白了一切
他烘暖了指頭
提筆寫下了一本書

書裡頭
藏著令人瞠目結舌的理論
他滿意了
今晚可以安穩地睡去
這將會成為

流傳後世的聖經
一本不朽的秘密

前提是
你別去拉扯他鬍子的話

Chapter 4
心智理論的三個禮物

2017.02.08

每個冬天的心裡，都會有個顫動的春天，每個夜晚的罩紗背後，都有個微笑的黎明在等候。

——紀伯倫

ｙｏ，ｂｒｏｔｈｅｒ，聽過這個故事嗎？

神父有天送小女孩一份禮物，那是用萊妮紙包裹的白色盒子，上頭還仔細的綁著露草色的緞帶，我將緞帶繞阿繞的，繞出無數個莫比烏斯之環，然後把它們弄成花團錦簇的樣子。

小女孩看了又驚又喜，她接過了禮物，打開來，

「哇！是起司蛋糕！」

她高興的說，

正當她把手伸了進去，準備捧起蛋糕的時候，

「且慢，」

神父說，

「在吃之前，我們先來玩一個小遊戲吧。」

「現在妳把眼睛閉起來……」

小女孩乖乖的照做了，在這個ｍｏｍｅｎｔ，神父迅速的把蛋糕拿起，塞在胸部中，而小女孩眉頭一皺，還沒等到我說「可以」的時候，眼皮緩緩上升，你知道的，這個年紀的她總是缺少了點耐心。

在這個ｍｏｍｅｎｔ，神父迅速的蓋了盒子，綁起緞帶，打上蝴蝶結，拉緊衣襟，裝做一副沒事的樣子。

當她張開眼睛的時候，眼前，又是一個完好如初的禮物。

「好了，現在猜猜看，蛋糕在哪裡？」

神父笑咪咪的說。

ｂｒｏｔｈｅｒ，你覺得小女孩會認為蛋糕在哪裡？

她可能會回答，蛋糕又被放回盒子裡了;也可能會認為，蛋糕被神父給吃掉了。她的眼中，是一個剛裝著蛋糕的盒子，沒有意外的話，她應該會這麼想著，「蛋糕還在裡面」。

不過呢，她也有可能發現盒子是個晃子，是神父故意讓她看見的，蛋糕其實在別處。她會開始猜測，神父可能會放的地方。

當然，她也可能會認為，蛋糕就在神父的胸部之中。

不過，這個認為，本質應該和神父把蛋糕吃掉、或者藏在背後，藏在其他地方差不多，它的依據並不會是，「噢，因為我看到了那個蛋糕」

因為，我的問題是，你覺得小女孩會怎麼想。

而不是你怎麼想。

這其實是一個劇場，ｂｒｏｔｈｅｒ，你看到了神父和小女孩在表演著，而你無意中，知道了真相，接下來我們要猜測小女孩的想法，那勢必得成為那個小女孩，小女孩閉上了眼睛，她什麼都沒看到，猜測胸部，其實和猜測任何地點一樣，「那個盒子以外的」，而小女孩並不會突然知道真相，蛋糕就在神父的胸部裡。

當然，這還是「你」在猜測，「你覺得小女孩...」，但並不是完全的你，而是有別的，應該說，我們的自我之中，天生就有另一個東西，來幫助我們推論別人的想法，也就是，就算真相擺在那裡，但人們可能會產生不同的想法、信念（也就是小女孩可能會猜錯）這依據還是生活中，自我與他人相處、交談，而得到的理論。

你和我，是不同的，我看到的別人不一定看的到，因此，就算「我」要去扮演「你」，我不會把整個我全部都丟上去，ｓａｙ，「那就是你了」

我會帶上一個禮物，那東西，就叫做心智理論（Ｔｈｅｏｒｙ　ｏｆ　ｍｉｎｄ）。

這禮物，儘管我們在嬰兒時期就已經擁有，也是所謂「人和動物不同的地方」，但是在某些情況下，我們會丟掉，或忘了帶，儘管我們已經長大成人。

我們會認為，因為我們看到了那個蛋糕，小女孩也理所當然的，會知道蛋糕就在神父的胸部裡。

「去想別人會怎麼想」，其實是一件麻煩的事，當我們不再想這件事情，思緒就會變得很輕鬆，答案也會變得很容易，只要神父把蛋糕放在背後，我們就會想小女孩會認為蛋糕在背後，神父把蛋糕吃掉，小女孩就會猜蛋糕被神父吃掉，神父把蛋糕放在垃圾桶，那麼，小女孩就會去爬垃圾桶。

如果小女孩沒那麼做呢？

噢，那麼小女孩麻煩大了。

如我們將自我，隨意的投擲在別人身上，而沒經過心智的處理，毫無疑問，這是在無意之中，將他人內化成自己的一部分，看起來很ｓｗｅｅｔ，其實很ｄａｎｇｅｒ，你只要想像一件事情，我們手臂上，長了一顆瘤，它不妨礙觀瞻，而且摸起來癢癢的，很蘇胡，那麼，我們便無意去除它，甚至把它看作同伴，攜著它一同生活，睡覺、洗臉、自慰什麼的，等到有一天它開始發出疼痛，並且開始流出濃汁，我們接收到刺激，就會驚訝的發覺，

「媽的，我身上怎麼會有這鬼東西？」

若再精確一點描述，我們會產生一種，被背叛的感覺，被欺騙的感覺，感覺這東西自己隨意的附身上來，感覺到自己被侵犯。

這會令你產生憤怒，不隨己意，便想要排除它，抹殺它，或改變它「變回我們心中想像的那個樣子」

為此，我們成為心中的帝王，開始發布無數的指令，但實際上，通常退化為小孩般的，惱怒，「這不是肯德雞！這不是肯德雞！」

也許膿包不一定要流濃汁，會令你產生痛楚，只要令你大腦的某個部位，例如你的頂葉皮質區之類的，產生了辨別失能（ａｇｎｏｓｉａ）即使是原本的右手，完好的腳拇指，明明擁有著感覺，也能自在的移動，但是你會想切除它，因為那並不是你身上的一部分。

可小女孩本來就不是你的一部分。

把不屬於自己的東西，假定成為自己的，再因為她展現了自己的意志，不屬於自己，而恣意的歡喜ｏｒ憤怒，就是只顧著自己爽而不管別人死活，人將扁平

化成為工具，小女孩會「玩偶化」，不管她是順服，ｏｒ，反抗，她都會得到你數倍的強烈情感，你爽的時候，她會疑惑，因為她的意志基本上是被假定的，即使妳給她數倍的糖果或蛋糕，都只是在滿足自己－－那意味著完全的貶低，你不爽的時候，憤怒會讓數倍的災難降臨在她身上，你會咬牙切齒的想摧毀她，儘管，她不是你的仇人。

她只是跟你不一樣罷了。

不管得到好處或是災難，成為玩偶或玩具，都不是件幸運的事，那意味著獻祭，在去除了「他人與己的不同」，與停止「想別人怎麼想以後」，只有不愉快可以形容了，小至人與人之間的一點口角，大致一個國家內的屠殺，你得想想，為什麼一個人會有辦法在一夜之間，就殺死一大群人而沒有一點罪惡感，或一群人集體行動啟動一部龐大的死亡機器，而像按下一個微波爐開關一樣理所當然？除了漢娜。鄂蘭所謂平庸的邪惡，還有幾項東西，就是去除自我以及集體的自我中心－－你只要想著按鈕就好了，不用想按鈕之後會發生什麼事，以及因為那顆按鈕而受到災害的人們的想法，你只要想著自己只是按一顆紐，你的思緒就到此為止，遞出手指後壓觸有彈性的部分，只想著自己就好。你或許會覺得奇怪，沒有自我的人，怎麼會變得很自我中心？很簡單，把自我中的一部分，人們賴以維繫的心智消抹了，剩下的「只想著自己」的那一塊，就會是無比誠實和完整，看起來，好像是尋找到了真正的自我，而獲得了解放，實際上，是被拿走。

就好像你撕開了玩偶不會有什麼想法，拍死了蚊子那是因為他們應得的。

不過別擔心，事情並沒有那麼嚴重，心智理論，不過是個理論罷了，理論，不會在一天就建構完成，可曾看過一個小貝比拿起刀來砍人？雖然，用力踩死螞蟻倒是很常見，心智理論這個東西，是很複雜的，一個人不可能老是去想別人怎麼想，就算不想，也可能十分無害，也許並非完全不想，而是想的少些，遠離了人間是是非非，成為一種中立的狀態，跟入定差不多，而很多時候，我們也必須少想些，不然自己的想法就不用想了，還可能被傷害了，還在那邊想東想西，雖然，何時該想，何時不用想，該想誰，我認為那都是理論的一部分，在電影「王牌天神」中，一個魯蛇在幫流浪漢的時候反而被圍毆，因此他開始責怪上帝，沒想到，當上帝讓他成為上帝後，無數個庶民的想法，開始侵襲他的腦子，那才是一場災難。

對了，摩根費里曼在裡面演黑人。

你看，我也很快的，心智理論就馬上出了差錯。

而就算心智理論出了差錯，那也沒什麼打緊，就算我是一個心智理論十分薄弱的人，只有到國小的程度，我可能是一個善良、熱情的人，就像個小女孩一樣，你知道的，小女孩是最可愛的，因為她們尚沒被社會污染，而懷抱著豐沛的感情，她們不會帶有惡意，很少會帶有無謂的懷疑，而且容易滿足，自然的會說謝謝，和感激，相反的，一個心智理論很強的人，與其說是很強不如說是很複雜吧，反而老是在算計別人，欺騙別人，操控別人，雖然，我認為真正強的人，會妥善的利用這股力量，去行利己利人之事。

我們還有第二個禮物，同理心（Ｅｍｐａｔｈｙ）。

有人說心智理論其實也是同理心的一部分，或是誕下同理心的要素之一，不過，一個人可能有很強的心智理論但沒什麼同理心，比如一個變態，而一個人也可能心智理論擁有著缺陷，但有十分豐沛的同理心，比如某些悲天憫人但搞不清楚狀況的神父。

當然，也有可能有著一個奇怪的心智理論和同理心，比如名為變態的神父之類。

同理心讓我們感受到他人的痛苦，那是更加直接的連結，它可能是像前意識那樣的東西，既不深，也不淺，它是心的水面，ｍａｙｂｅ無法用深淺來衡量，它看見表象的天空，滴了滴眼淚，在還沒到那水面的時候，水底裡的悲傷，緩緩的釋出，而首先映入眼簾的，是它顫動的波紋。

它是一面鏡子，隔在表裡之間，必然不是像理論那樣的東西，可以精確的描述，也許它見到神父將蛋糕藏在背後，會想著「妳怎麼不去找呢」，藏在了盒子裡「趕快打開盒子阿」，放在了垃圾桶，

「不可以，不可以放在垃圾桶。」

當他開始這麼呢喃，你可以知道他開始甦醒了。

心智理論所忽略的，同理心必然可以撿拾起來，可以說它是人類最後的防線吧，如果說心智理論是將自我，混合著對他人的想像，而形塑的一個造影，那麼，同理心就是直接的成為那個人，那個人的痛苦和我們相連在一起，讓他看起來好像多了個夥伴。

如果完全的自我中心，是將自我隨意的丟在他人身上，那麼，同理心就是被丟的那一個，他形塑了他人，自己丟在自己身上。

因為痛苦，所以產生了憐憫，只要我們研判了對象產生超乎程度的不可承受之痛，那麼，他就會啟動。

這樣的研判，就像一根針刺進皮膚裡那樣的，交感神經迅速的連結，讓你無暇思考，它是神賦予你的語言，攫取了你心中迷樣的情感，那由來必和你自身有些許關聯性，它必然不會時常發生，高尚的人阿，你不會對我鞭撻一顆石頭而產生痛楚，但只要那顆石頭產生了某些頻率，比如震動的像一個扭曲的人，浮現一道淚痕。

神就會從那尖銳的音節之中，取出了你心中最柔軟的那塊語錄，告訴你此時和它是一樣的。

不用理論，不用道理，更不用推斷，而是發自於內心的感同身受，它是自願的。

你對敵人，或許也能運作心智理論，推斷他的心思、想法、動機，同理心不能，因為，同理心沒有敵人。

至少在開啟的那一瞬間是這樣。

同理心是高貴的，儘管現代人通常將它嗤之以鼻，因為運作起來是如此莫名其妙，敵人明明已站在眼前，同理心旺盛的那傢伙居然說，「那不是敵人」，而狂扯你的後腿，要問他嘛，卻說不出個所以然來，顯得有點反智，不過你只要打開你的心智理論，去觀察，便會發現，倒在地上的王八和眼前的快樂王子，必然有什麼相似之處。

而他會這麼做，必然是會有理由的，也許是童年時的自己，被酒瓶砸破了頭，攤倒在地，又乾又渴的，舔著碎片中殘留的水滴，而如今，倒在地上的那個人也是如此的模樣。

同理心很棒，因為，同理心是種本能。

就算百萬種同理心，有萬種是沒什麼用處的絆腳石，但必定有其中一種，可以改變世界，而剩下的，是答案。

同理心的來源也許是鏡像神經元，這在一些動物，如猴子或鳥身上，都能發現到類似的遺跡，例如猴子在抓取香蕉的時候，Ｆ５，腦中的一塊區域，會有特定的活化反應，有趣的是，當牠兩手空空，看見有個人也在抓香蕉的時候，Ｆ５也產生相同的反應－－而更加有趣的，當牠看見人的手只是接近香蕉，在還沒拿到香蕉的時候，牠的腦子就已經亮起了燈。

科學家對於這個發現相當驚悚，當他撤回了拿香蕉的手，轉頭看著猴子時，

猴子正在對他咧嘴而笑，笑的他心中發寒。

別緊張，ｂｒｏｔｈｅｒ，後面那段是我編的。

科學家應該緊張別的事，因為，那段Ｆ５的區域，對應的，正是掌管人語言的區塊－－

布洛卡區（Ｂｒｏｃａ’ｓ　ａｒｅａ）。

你也許會說，嘛的，神父，布洛卡區應該是掌管語言表達，跟同理心有什麼關係？頂多是語法、語句的部分，最好的證明是，這一區損傷的人，應該是像賣檳榔的大哥說，

「凡…事…力量……而為……」

在理解語言的情況下，卻在表達時發生了失誤，產生了電報式的語言，如果要說理解的話，應該是韋尼克區比較相關才是。

那麼，如果我說，賣檳榔的大哥這樣說話，是預測到了你欣喜的反應，才故意這樣說，其實他只是想引起你的注意呢？

這樣，你就會想買他的檳榔了。

事實上，布洛卡區不只掌管了語言表達，而表達性失語症，受傷的區域通常越過布洛卡區之外，布洛卡裡頭還揉雜著數學和工作記憶，而一個研究顯示，如果對象不會說話，是一位聽覺障礙者而且他使用手語，他的布洛卡受損了以後，他的手語也變得不太會比了。

一個大膽的假設是，布洛卡區受損，會讓我們失去「讀者」。在我們說話的時候，我們知道說出來的東西，是可以被理解的，我們理解他人可以理解，這牽涉到我們會先預想、假定一個「讀者」，在真正的讀者前面，我們說出那我們想像出來的讀者可能理解的話，而當我們失去它的時候，我們會在真正的讀者面前啞口無言。

我們不確定各種語法、表達，是對方可接受的，我們可能共同擁有、遵循的，所以我們手足無措。

在一個操著「ｙｏ，ｂｒｏｔｈｅｒ」的人面前，我們還是可以說中文，就算我們知道他根本聽不懂，只會ｂｒｏｔｈｅｒ來、ｂｒｏｔｈｅｒ去，我們還是可以盡量用一些，他可能聽的懂的辭彙，說到底，我們能在他面前表達，而不是發出吼叫聲，就是一件不可思議的事，這代表著，就算在一堵牆壁前面，我們還是能流暢的自言自語。

因為那個「讀者」，就在我們面前。

但是牆壁，終究不會給我們任何反饋，但人可以，當兩人說出了一個詞彙，兩個人都能明白，他們將會非常的高興。

也許，語言就是這樣誕生的，一顆想理解對方的心，當手勢或者表情不能滿足於這樣的需求，於是我們說話。

為何人工智能可以戰勝幾乎所有人類的遊戲，計算、邏輯、棋弈，卻無法寫出一篇令人激賞的文章？雖然擁有了能編造新詩的程式，可以拆斷字、詞，找出疑似新詩的邏輯，但那種邏輯，終究是龐大語言庫中，人們習慣用的排列模式。

「邏輯正確，但前提有誤。」

它永遠無法寫出人味，正確來說，當詩人們面對虛無，而發自內心的吟詠，誕下了千百萬首詩篇，ｍａｙｂｅ其中一萬首，他們生產的方式相似，那純粹是形式，共同的語彙，放在檯面上的，他們心心相印，舉起了酒杯，因為理解而飲下了酒，那酒，不過是種巧合罷了，機器學會了製造那種巧合，但無法理解，那酒就沒什麼味道了。

因為酒杯前面，沒有對象。

沒有心，沒有想要感知的東西，沒有想要表達的自我，所以無法釀出新酒。

人們因為語彙，而一喜一憂，這是一件很神奇的事，我在黑人前面說，「那個」他可能會暴怒，當我們解釋那個是那個的時候，他豎起來的眉頭便會撫平，一句話語激起了當前人的行為和動機，而促使當前短暫的相會的命運有所改變，語彙本身，並不具有意義，能使他產生意義的，是它所連結的內心。

這就是為什麼同樣一句話，人們會有不同的反應，當我說「對不起」的時候，它可能有各種不同的意思，憤怒的，悲傷的，滿懷歉疚的，嘲諷的，「那還真是對不起阿」，嘲諷又無奈，去除了惡意的，「那還真是對不起阿 (′・ω・｀)」

當我說對不起的時候，儘管是一個總統身處於典禮台上，人們還是自然而然的產生了，無數個不同的讀者，有人認為那是真心誠意的，有人認為那是在做一種姿態，有人認為，那是隱喻著分離－－我們不坐在一起了，我們並不在一艘船上，那像是「對不起，你是個好人」或者，「對不起，我一直在欺負你」

優越感和不平等油然而生，直到總統得下了台，用溫暖的擁抱補足孤獨。

一個詞通常會有一個主要的意思，主要的意思切分出各種不同的意思，這是語意，包裹在語意之間，是各種微妙的連結，在各種語境之中，產生了意義，心智理論與同理心誕下了讀者，除了我們知道這個語意能表達自己的想法，也在推論對方使之成為一種同位狀態，於是我們知道什麼時候讓那語意符合於現實，該怎麼去用，這就是語用。

所以我們得知道，語言的架構本身是浮動的，單純看你怎麼去用，詞和意的連結，最初的那個通常是最為緊實的，經過多數人感知的認可，次要的可能集合一群小眾，有人用，它即可存在，越抽象的東西，如心情和感覺，越難抓住人心中的讀者，每個人抓的僅僅只是大略相近，意與意之間的連結通路，看起來是通竅的，其實擁有某種侷限性，我們如要讓「對不起」成為一個罵人的用語，其實挺困難的，但也並非不可行，只不過要繞些遠路，在一個等待你道歉的對象面前，他安靜的坐著，我們走近他，ｓａｙ，

「對不起，椅子。」

向椅子道歉，這是可行的，但你應該向人道歉，在一般的認知中，這是優先的選項，而道歉的意義，在此並沒有改變，沒有人規定不能使用在一個椅子上，但主意變得微弱了，我們切割了屬於人的那一塊，為了讓它得到更多的用途，就像斷了血管與筋脈的扭曲臂膀，它們僅僅藉由一層薄薄的皮膚相連，但它還是可以動的，它還算是一條臂膀，我們將它可憐的搭在椅子上面，用以激怒椅子上的人，產生了言外之意「在你心中的我，還不如一張椅子呢」它成立，但是荒謬。

在某些情況下，我們會這麼用，讓連結變得微弱，讓主意變得模糊，純粹是為了去抓住更多異質性高的群體或現象，例如，存在主義，存在主義抓住了許多人，但本身的存在卻好像不存在一樣－－它也抓了許多不想被抓的，例如卡謬，

在他反對他並不是一個存在的主義者，但諾貝爾告訴他，是的，你就是那樣，我們要頒獎給你。

這種用法或許是「比較好說」，在一些學術或者專有名詞上，當然，有些的用意是別有目的，想突顯這一段序列上曾經發生了劇烈的變化，例如，「哲學家」裡，你看到拜倫的名字。

忽略了個人的意志，甚至和詞語既有的意思相違和，談不上什麼同理心，但可以順利的嵌入大眾的認知之中，它可以說是「超過數量」，將各種不同的意思硬是擠壓在一塊，或者將單純的一塊掰開，分裂成全然不同的玩意兒。想像一下，我們現在要說明「石」這個詞，我們取出一枚鵝卵石，ｓａｙ「這就是石」，接著，我們再取出碎石、鑽石，ｓａｙ「這也是石。

藉由鵝卵石、碎石、鑽石，這一連串，完成了石的表意，凸顯了石的屬性「由礦物集結而成的堅硬塊狀物」，給人堅硬的印象，那麼，是否能帶入柔軟的感覺呢？

答案是可以的，鵝卵石、碎石、鑽石、「翠星石」。

我們可以從中感覺到少女，在輕柔的跟你說「爹蘇」，這個連結是這樣的，她有著一紅一綠的眼睛，和寶石一樣，而寶石和石頭有所連結，翠星石是個少女的名字，對於「命名」這個動作，只要一點相關和邏輯就能成立，於是乎，我們無法說鵝卵石是柔軟的，雖然鵝卵聽起來很軟沒錯（鵝蛋就稍微硬了些），但是翠星石，在這裡，在熟知這位少女的每個腦海中，「翠星石很柔軟」便能成立，我們幾乎可以想像把她抱在膝蓋上，唸書給她聽的畫面。

我們拾取鵝卵石、碎石、鑽石，排列在一起，可以確定它們有牢固的連結，但我們增加了翠星石進去，說她也是石頭的意思，說她也擁有石頭的成分，那麼，顯然，就超過數量了。

因此，在兩種不同認知的人面前，認識翠星石跟完全不曉得她的人，對於「翠星石很柔軟」就會產生不同的理論，不知道她的，會認為這樣的用法很怪，翠星石難道真的是一種柔軟的石頭嗎？在他們的認知中，翠星石被假定為一顆石頭，至少是趨向堅硬的的那一顆，而知道她的，在彼此心智理論營造的對話中，會感到十分的親切，他們暫時享有共同的認知，甚至石派和柔軟派，可能會大打一架。

如我們進一步的，掏空「翠星石」的語意，讓她變得不只是個人名，而是種象徵，一種閃亮、美好的象徵，我們讓喜愛她的人，達成某種默契，讓各式各樣的語意偷渡進去，去滿足想像，暫且就這麼定義好了「一種巴伐利亞產的美麗石頭」到時候，一定會產生許多希奇古怪的問題「巴伐利亞的鵝卵石是翠星石嗎？」、「鑽石是翠星石嗎？」、「蔣介石是翠星石嗎？」、「王安石是不是翠星石？」

從這裡，我們可以窺知「超過數量」的涵義，一語多用，多意併一語，過當連結，以及主語不清，這還算是普通的情況，如果我們要刻意利用翠星石的「柔軟」和「石」的成分，將翠星石的「石」連結每一顆石頭，再利用翠星石的本身的「柔軟」，如此這般，就能大言不慚的宣稱「每顆石都是柔軟的」、「因為它們都是翠星石」。

當然或許你察覺到了，ｂｒｏｔｈｅｒ，一語多用的詞其實比比皆是，更別提所謂多意併一語，有人是這麼主張的，「完全跟從字面上意思的詞語其實不存在」每個字詞只要一被用，就等於被影響，哪怕是在文本當中，我在這裡敲著的ｂｒｏｔｈｅｒ，其實已玷汙了偉大的印歐語系所創造的ｂｒｏｔｈｅｒ的原意。

我說的「超過」不如說是超過群體既有習慣的認知，「很少人這麼用」、「很少人如此連結」、「很少人會把這種詞語如此這般當作習以為常的語言」，誠如語意學一步步推著語用學到一個離本意甚遠的懸崖幽谷，「超過數量」也有其意義，寫一首詩或一本嚴謹的論文，用一些特殊的詞或把詞拿來做特殊用法，可以「看見不明的東西」，從深遂寬廣的海中，圍起一座圍籬。

但非常遺憾，除了圍起一座圍籬，我們還會撈補其中的人魚，作為語言，語言的用法，還有一個切實的目的，去影響別人。

除了描述現實以外，我們還會設法營造現實，驅使別人去實現我們的願望，造一個我們認知中的世界，我們使心智理論產生了讀者，但終究還是要表達的，哪怕只是希望別人去知道自己在說什麼，都是一種願望，我希望你懂我，也希望你能按照我的意志行事，因為如此我們置入了各種動機，尋求「相信」，而去「改變」，當一個小女孩拿起了洋娃娃，她就已經許了願了，但她牽起了妹妹的手，她會很快的發現這個願望不只是這樣，我需要一個世界，但不只是我一個人的世界，我希望我的世界裡有形形色色的人，我的方法，是用我的世界來碰觸你，請你別在意，因為我也進入你的世界之中，我們的世界互相碰撞著，交易，撫慰，戰爭，一切是只為了得到酬賞——讓我不再孤單。

斑馬群聚在一起，不再孤單，獅子生下了小獅子，不再孤單，那麼，孤單的豹凝望著乾草原，白鯨在冰水下漠然的噴出霧氣呢？

一樣是不孤單，不過看起來孤單而已。

不孤單的酬賞有許多種，孤獨是其中之一，孤獨的個體衹是離開的遠些，但目光還是望著與自己相似的人，如果和自己完全一樣的意志，那和細胞聚集在一起的肝臟有何不同？我要看的是既熟悉又陌生的世界，如果我要得到更多的恩寵，那我得灑下各色星辰。

這不是靠在一起或凝視對方的存在就能得到的，雖然最後的結果還是如此，但越高等的動物，就會讓過程更加複雜，也更加驚艷。語言是火，烹調人的腦袋，我們展現廚藝，而得到美味的內心。

那麼，要如何讓人感到痛苦？

寫下一個悲劇。

讓她遭受不應有的對待，起一個令人慘叫的名字，然後，讓被命名的那個人，表情平靜的像水。

取一個小女孩的名字叫白痴。

當別人問她叫什麼的時候，她會回答，「白痴」，像喝水一樣自然，這名字並非和她無關，某些時候他們是相連結的，當她打翻茶杯，他們就能交疊上去。

如果她一直，一直打翻茶杯的話。

但你知道的，ｂｒｏｔｈｅｒ，再怎麼樣，她都不會是白痴。

正是因為這個連結太過微弱，所以你感受到一種不可承受的數量，在那小女孩的肩膀上，這就是超過數量。

悲劇之所以為悲劇，是因為他能引發人們的同理心。

我們可以惡作劇的，永遠不要讓那小女孩明白白痴的意思，或者，讓那個白痴與她無關，做各種精闢的解釋，讓她明白，那只是她身上的一個代表名字的部分。

但是其他人可不會這麼想。

白痴，並沒有什麼意義，它只是一道透明的鎖鏈，當我們拎著她，走到了大街上，那就會是一場災難。

拎著她，就好像拎著每個經過的人的痛苦，揮舞著鎖鏈，發出「鏗鏘」的聲音，不斷的重複，不斷的重複，因為那條鎖鏈早已從小女孩的心窩爬伸出去，和每個人有所連結。

就算小女孩什麼都不知道，但只要見到了每個人的臉，她就會明白。

亞里斯多德認為，悲劇之所以為悲劇，是因為它能喚起人們的憐憫，當一個人遭受不應有的對待，心中的鎖鏈就會響起，如果更進一步的，讓這個人的遭遇和其他人有所相似，那麼，那鎖鏈就會搖晃的更加用力。

因為人們感受到恐懼。

而如果我們要讓那鎖鏈永遠也不要被解開，那就把它綁在一顆心臟上面，做一個相反的，連結，也就是讓「白痴」，綁在一顆感到快樂的心臟，另一頭，綁在一個痛苦的心臟，一顆心痛苦，一顆心就會感到快樂，一顆心的快樂，是來自於一顆心的痛苦，看著別人的痛苦而快樂，減輕痛苦快樂就會被剝奪，那這鎖鏈就難以解開。

也許我們可以打一個結，把那感到快樂的部分，其實是種痛苦的來源，一邊快樂，其實感到十分痛苦，像是一種自虐，用筆心插自己的手背，看到艷紅的鮮血而興奮，但手背的疼痛卻直撤心扉，但那快樂的感覺又十分快樂，於是就停不下來了，一邊展露笑容，一邊流淚。

所以這個畫面是這樣的。

一個小丑拉扯心臟上面的鍊子，綁著另一個人的心臟讓他露出痛苦的表情，小丑感到了快樂，他哈哈笑著，但他的心其實也痛的不得了，他越快樂，他的心就被揪的越緊，越痛，這是一個多麼荒謬的地獄景象吶！停下繩子就不會有人痛苦，拉動鎖鏈的快樂不過就那麼丁點罷了，但是小丑說，

「至少我有快樂，但你們沒有，嘻嘻。」

或者一個看似正當的理由，

「你怎麼能剝奪我的快樂，我是一個多麼痛苦的人呀！」

世間之變態，莫此為甚。

在「ＲＥ:從零開始的異世界生活」中，表現了這樣錯亂的理論和喪失的同理心，語言在這個世界似乎只是一種裝飾的代稱，人們極度依賴所謂的語境（Ｌａｎｇｕａｇｅ　ｅｎｖｉｒｏｎｍｅｎｔ），也就是語言之外的情境成分，無論是說話時的背景（當下的場合研判）、對象的情緒（隱藏在表情中細微變化）、雙方的處境（上下關係，誰有求於誰）、自己的動機（對我有什麼好處），在說話之前，處在一種互相憶測的狀態，說話中仍在互相懷疑（這樣說到底有什麼意思），說完話以後，仍不知對方的意思，通常由自己擅自解讀，而且是以自我中心為主，冷漠的下結論。

原本有各種意思的善良語言表現，被縮減成謊言、狡飾、做戲，而回報的，也是同樣的東西，這就像兩個人同時在反串，誰也搞不清楚誰在幹嘛，而最多懷疑的通常是贏家，最輸的那一個，通常是真誠的人，埋藏在對話之間的責任，被悄悄的轉移了，通常是說話的人應該要負責表達清楚才對，但反而是聽話者要擔負理解的責任，說話的人說了一些不著邊際的話語，聽的人要負責猜測埋到至深的意涵，光這樣還不夠呢，回答的時候，還必須答到令對方滿意為止。

會錯意的通常會被施予莫名其妙的制裁，語言本身反倒變得不重要了，只是試探對方的工具而已。

露格尼卡王國應該是一個高語境的國家，也許主角根本沒有移動到異世界，還只是身處在自己的國家而已，這個國家處在一種極度壓抑的環境，每個人都害怕成為被害者，繁華的街道其實裝滿硝化甘油的木桶，街上奇裝異服的人們輕輕一碰就爆炸。

如果這樣的國家，奉行著「只為了自己」的口號，那麼事情就變得複雜起來，好比這裡的女主角，艾蜜麗亞，就連想要幫助人，也必須找個藉口，在她救助遭一群小混混圍毆的男主角時，還要一邊說著「他和我又沒關係，不要管他了」等冷漠的話語，一邊嘟著嘴做出完全相反的行為。

即使治療了他以後，還得找個理由「我等你醒來是為了要向你問情報」、「我是不得已才留下來的」即使什麼也沒問到「沒關係，至少我知道了你什麼都不知道這個情報」、「你已經回報了療傷的人情了」，「下次你不要再一個人走到暗巷了」、「這不是擔心而是忠告喔」。

臨走時還丟下「下次幫你我沒什麼好處的」、「可別擅自期待喔」，然後揮一揮白色的衣袖，消失在街角中。

如果我是被她幫助的那個人，大概也只能傻傻的說聲「喔……」然後看著她的背影吧。男主角形容這是「吃力不討好的生活方式」，一面表現出「這不是幫忙，是等價交換」的氛圍，但是句尾還是露了陷，「下次幫你沒什麼好處」其實早已透露出她心底也認為這是幫助了，我們很容易可以看出話語間的矛盾，在這裡，語言的用途不過是在遮掩自己內心的良善罷了，但令人詫異的是，她為何連幫一個人都得想的這麼辛苦呢？

代表這個世界，對於「主動幫助人」是次等的價值觀，而女主角的行為，甚至是在破壞他們奉行已久的準則，而末尾「可別擅自期待喔」，更可能透露出，幫助人的人，反而會被施加壓力，被幫的人還想索求的更多。

這迫使她得開出一長串的心智理論，假定她的對象會產生各種的負面反應，然後冗長的自我對話起來，覺得自己被同情了而產生的自卑、覺得對方幹嘛要幫我而產生的猜疑、而覺得對方的良善是可以利用的，想得到更多好處，她預測了主角的多重身影，經驗可能是來自於異世界的感知，於是她得敲著保護自己的金磚、閃過了「不能讓對方懷疑」的蘑菇，最終還得吃下「其實我也個自私的人」，才算成了無敵星星的狀態，才能卑微的成為個壞人，不被懷疑是偽善的，才能頭低低的，擺出高高在上的姿態，

去實現「幫助別人」的願望。

如果一個世界變成了那樣，得費盡千辛萬苦才能得償所願，那只是變相的對好人的責罰，若不是幫助人的人必須變得強壯如鋼鐵，那就是幫助人的人，得遍體鱗傷。

許多人認為，強加的善意並不算是善意，若不能百分之百的了解對方，那就會有百分之兩百的機率會傷害到別人，也使自己受傷，對於幫助的人，我們假想他是優越的，而對於受人幫助的，我們認為那是矮人一截的，但事實上，那不過就是種自我哀憐而已。

不管是幫助人的還是被幫助的，終究只是人而已，如果自己曾幫助過別人，那麼，此刻受到了幫助，為什麼不能坦然的接受呢？為什麼得計算誰幫助誰比較多，受到了幫助，就好像虧欠了對方，因為是被給予的，所以就是低等的，低等的人，是可憐的，將自己感受到的經驗，投射在那些被幫助的人身上，認為自己得到的，並不如想像中的美好，並不能妥善的解決問題，並不如自己的期待，認為自己並沒有得到些什麼，反而還要無形中，被削減了地位——

「我不是不幫助別人，是因為那樣做，不如什麼都不做比較好。」

認為那些幫助人的人，才是在自我滿足，沒有妥善考慮到別人的心思，將自我，投射在別人身上，認為別人的感覺也是這樣，也應該是這樣，並以為是，同理心，是的，我感受他的痛苦。

那麼，幫助人的人呢？有沒有人去理解那種人的感受呢？

於是，原本很自然、簡單的行為，成為了一種暴行，幫助人的門檻難如登天，幫助人，得經過一層層門檻的測試，信任的考驗，等到好不容易過了那一層，迎面而來的是，龐大的信任，讓人喘不過氣的索求，幫助人的人，為了證明自己是真正能幫助人的，得拼命的，迎合那些對自己放心的過度期待。

「你一定能明白」、「你一定可以明白」、「因為你是特別的」，當我們成為那個特別的人以後，為了不讓人失望而燃燒自己，為了保有一點點自我，稍微縮了手就等於是背叛，因為門檻前已經一點一點的賺取了信任，門檻後被押住了龐大的信任，因此必須回應，而那些信任，明明是最好的酬賞，卻一不小心扭曲成最沉重的鞭。

如果，就像渴了必須喝水一樣，受過傷的人必須得到愛撫，那麼，想幫助人的人去幫助人，那也是種願望而已，不求回報的人是真實存在的，應該說，每個人都有這個時候，當你聽見神的語言，當你的同理心與心智理論同時啟動，你就會自然的想去做，去平息那顆想幫助人的心，如果他做錯了，方式不太對，請忽略羞赧的去糾正他，如果你不需要，請微笑的拒絕，如果他退縮了，請體諒他的任性，如果他搞砸了，請你拍拍他的背。

去幫助人的人，此時是弱小的，這有點不可思議，但你得知道，ｂｒｏｔｈｅｒ，此時的他已小小敞開了心扉，否定那個方式，不要否定那個發光的門縫。不要說，他沒有一丁點風險，此時的他，正讓自己置入風險之中。

讓想幫助人的心願，得以實現，自己敞開自己的門，已是種報酬了，在這m

ｏｍｅｎｔ，請用心智理論研判他，請用最正常的基準去研判他，是否值得那一刻吧。

說到底，所有的善念，喔不，所有的意念，不管憤怒、悲傷、同情、仇恨，不都是強加的嗎？不過程度有別而已。

為什麼要對善念，付諸於高聳的門檻，對憤怒，視為理所當然？

亞里斯多德說，任何人都會生氣，那很容易。但因著正確的理由，在正確的時機，以正確的方式，向正確的對象表達正確程度的憤怒，卻不是任何人都能辦得到的困難任務。

何謂正確的方式？何謂正確的程度？何謂正確？那就和心智理論與同理心相關，我們去思考表達情緒的正確方式，就能知道指出對方的錯誤會比一味的吼叫有用的多，傳達內心的想法會比撕毀對方來的能直指問題，正確的方式之所以正確，是因為效率，而能使自己滿意，當然，人並非完人，差別只在於你是否想過這個問題，即使是在事後的反省，其中真正的好處，就在於能讓自己喜歡上自己，而非讓自己厭惡自己。

如果我們的目的是發洩，那麼，發洩完後引誘無關對象來對自己施加壓力，這是否是有效率的方法？好比倒完心中的一桶水，更多的水潑向自己，如此一來，原本只要倒一桶，接著便要倒兩桶、三桶，如此一來，便怎麼也倒不完。如果我們的目的是要影響對方，那反過來被劇烈影響，不是使對方消失就是自己消失，那當初的目的何在？如果我們永遠想作為一個得利者，只想影響人而不被影響，或呼朋引伴加強自己的正當性，軟土深掘到了對方爆炸為止，自己永遠是對的而別人永遠為錯，那和流氓有什麼不同？

心智理論迷走造成真正的災難是，遷怒，拖無辜的人下水，找冤枉者來實現自身之邪惡趣味，把對的變成錯的，錯的變得更加錯，表面上贏得個人的勝利，實則掏空群體建構的信任值，不只是流氓，還能稱為小偷，一個安靜的村落變成雞鳴狗盜盤據之，一群有理念的青年變成智商低下的作亂者，人人活在恐懼之中，人人活在無語之中，人人活的沒什麼意思和趣味，再來說，這個世界滿滿都是死水，這世界拒絕了我，所以我要改造他，打亂他，打從一開始，自己就拒絕了這個世界，自己就犯了怠惰和傲慢的罪，只想說話而不願聆聽，只想收穫而不想付出，只想嘲諷而不願去理解，當人們舀起水來澆灌自身之想像，人們共有的默契是撈取一匙，有人卻把池水的水都撈光了，還抱怨這城市之乾枯；拿一池的水去灌溉一盆仙人掌，再拿著腐爛的它到廣場面前展示，你們怎麼不看看呢？你們不是都喜歡仙人掌嗎？

是阿，人們都喜歡仙人掌，不過你並不喜歡。

人們誠心誠意的澆灌自我，而你只是個暴君，一邊說著「這都是你們造成的」、「是你讓我變成這樣」、「一切都是你們的錯，你們無法阻止我」，一邊做著最簡單的事，像隻發情的公狗爬在人的腿上，人們之所以不願做那最簡單的，是因為人性，是因為人想當個人，想存於這世上，所以不會拋去自己最重要的東西。

信念、價值、憐憫。

每個人都在戰鬥，對抗不義，對抗這世上的不公平，有人不去戰鬥，專門撿拾那些已被懲罰過的人，凌虐他們，動彈不得的人，無辜的人，騎士對抗魔女，廢物們在後頭施予著強姦，勇者奪回許願之地，盜賊在後頭掠奪和欺凌無法反抗的村民，在說這是正義，這是勇氣，這是桀驁不馴。

驀然回首，心中的理想鄉已一片煙硝……

如此一來還需要同伴嗎？如此一來還用的著拿起劍嗎？當人們知道彼此信念的不同，而對等的拿起武器戰鬥，戰勝的人贏得榮耀，戰敗的人獲得喘息，而沒有信念的人，無節制、無差別的攻擊倒地者，對戰俘施虐，對同伴遷怒，而只為了獲得關注，竄改群體的意志，喪失了初衷，好人、壞人，倒是分不清楚了，與你對抗的人是壞人嗎？為何他要擦去嘴邊的鮮血等你拿起劍？與你站在一起的是好人嗎？為何他要毆打那些虛脫的人陷入昏迷？那些丟著腸子四處嬉戲的人是從哪裡來的？為何他們看起來都是如此熟悉？

可憐之人，之所以可恨，是因為忘卻了自身之痛苦，而想讓別人陷入痛苦之中；邊緣人之所以成為罪犯，是因為連邊緣系統都失去了作用，而無視了所有人的感受；

弱者之所以危險，是因為他們還會去殘害更弱的人。

當一群人開始弱弱相殘，也就沒有人性可言，是非之分，對錯研判，人們互相丟擲自我，自我刺激，服膺最原始的感受，也就不需要理智與靈魂，這種高貴的東西，也就不需要理論與同理心，這種名為創造的本能。。

若有人還記得這兩者，那麼他是誠實的，吾可以這麼說，他能分的清什麼是真，什麼是假，什麼是酬賞，什麼是懲罰，什麼是快樂，什麼是痛苦，因為他不活在謊言之中。

他是有邏輯的，因為他有著身為人的前提。

自覺，自我覺悟。

在ＲＥ：從零開始的異世界中，主角有一個特殊能力，死亡回歸，他能在死掉的時候，回到死去前的時間點，再活一次，去知道自己為什麼而死，進而改變不好的結果。這像是玩遊戲重讀存檔的機制，套用在劇場的異世界中，可以發現某些真實，例如，心智理論所造成的盲點。

我們都知道心智理論會造一個讀者，去想別人怎麼去想，進而順利的表達，不過，主角本身死過一次，復活時還保有著跟其他人相處的點點滴滴，但復活後當事人卻根本沒有和他相處的記憶，這就等於重新相處的時候，彼此之間的「讀者」已經不一樣了。

對於主角來說，眼前的人已經不再是曾經相處過的人，但是對她的記憶並沒有遺忘，而對對方來說，等同忘記與主角相處時最重要的那部份回憶。

所以他與其中一位女僕，雷姆的互動，就非常有趣，在一次莫名其妙死亡回歸後，雷姆出現在他面前，雷姆先前與主角一同工作、談話、互動、展露笑容的回憶都不曾發生，而主角卻深深的記得，雷姆是一個溫暖的人。

當雷姆拿著鐵鎚準備殺死他的時候，因為他被懷疑是個壞人，僅僅是因為他身上散發出和敵人相同的氣息，他被切斷一隻腳，無奈的躺在地上，雷姆將難以置信的憤怒加諸在他身上後，拷問他，此時的主角內心是很微妙的，

「給蔬菜削皮的時候，我已經不會削到手了喔」

「教我讀書寫字，雖然只是基本，但是我也學會了」

「我有遵守約定好好用功，現在會讀童話了呢」

「你在說什麼？那種事，我根本沒有印象。」

作者巧妙的運用了時間的交錯，還有異世界無限上綱的懷疑，形塑了兩個人雖然彼此在說話，但根本是和不同的對象，我在跟你說話，但我心中的你是另一個人，你回答了我，但是你回答的對象，是你心中猜疑的另一個我，而我根本不是那樣的人。

於是主角悲傷的大吼，

「為什麼不記得了阿！」

「為什麼大家都把我丟下不管阿！」

「我做了什麼嗎？你讓我該怎麼辦！」

「你們為什麼要那麼恨我！」

他一邊說，一邊流下眼淚，扭曲的臉，顫抖的聲音，那畫面是令人動容的，憤怒、憂愁的情緒，糾結在一起，轉化成徹徹底底的無奈，看到這，幾乎觀者的同理心都要爆表了，我們都知道他想傳達的是什麼，被人間徹底拋棄的孤單，他知道對方為什麼憤怒，因為她也是被害者，但是自己被誤解了，卻沒辦法說個明白，也沒辦法憎恨對方，即使他被打的滿身是傷，血液和眼淚混雜在一起。

他同理了對方的痛苦，貫徹了自己的原則，保持最純真的那一份人格，但是對方，完全不能明白，即使如此，他仍不願將鎖鏈，綁到對方身上去，只能奮不顧身的傳達「喜歡」的感情。

但我們都知道，雷姆她真的不懂，眼前的雷姆，並不是他心中所一起相處過的，在那些0＋1＋1＋1＝3記憶中的那一位，那是真的，眼前的這位也是真的，不過是0。

主角沒有意會過來，雷姆也無法明白，於是主角微弱的喊了一聲「我喜歡 ...」就被殺死了。

這樣的荒謬和殘酷，深深的回蕩在觀賞劇場的人的心中。

後來主角復活過來，再歷經一次又一次的嘗試失敗，慢慢修正了他的讀者，曾經有一次他得以存活，但是雷姆死掉了，帶著曾被殺死掉的恐懼，以及害怕死亡的糾結，這一次，雷姆的姊姊又將憤怒遷怒在他身上，懷疑是他造成的，但是失去知道對方親人的悲傷，以及睡夢中，被兩姊妹照顧的新的回憶，又超過了那些他感受到的恐懼，於是在「我要殺死你～～」的吶喊聲中，他喊著「我一定要救你！！」自己跳崖而死，換取重生救人的機會。那矛盾的畫面也是令人震撼的。

而他修正的讀者是，並不是壓抑著自己的情緒和記憶，裝做沒事的樣子和對方相處，因恐慌和疑慮仍會感染給對方，謊言和掩蓋反而讓對方更加不信任，而是試圖間接的，透露真實「我知道你明白我身上有味道」、「你為什麼討厭我」然後自然而然的展現自己良善的那一面，想幫助人的心情，從「完全的隱藏自己、騙取對方的信任」到「越過懷疑的那段，露出部分真實的自己」並不放棄「替對方設想」的那一塊，他試著調查問題，解決問題，於是劣勢變成了優勢，最害怕的回憶，變成最有利的情報，找出真兇，贏到真正的信任。

雖然，這異世界根本就不太正常，隨隨便便就打翻一切，取人性命，各種因為自己內心被剝奪的情感、遭遇的苦難，還有莫名其妙的規則，不過，這也是穿越劇場的獨到之處，主角帶著現代人的感知，去破解古代封閉瘋狂的野蠻鏡像。

不過，本作最難看的地方，也是主角帶著現代人最醜陋的情感，呈現在古代善良的人的面前。

極度的自我中心，去除體會他人想法的心智理論，一再強調自己的存在感，想得到關注，將自我毫無限度的丟在無辜的人身上，用謊言虛飾，宣稱「是為妳好」、「想幫助妳」，其實是說著「我要報答你阿」，不斷要求回報，勒索愛情的怪物。

「都是我的功勞！全是因為我才解決的阿！」

「沒有我的話事情會更嚴重」

「全部全部全部全部，全部都是因為有我在阿！」

然後前面明明說著被女主角拯救過，想要報恩，如今變成了「你欠我還不清的人情才對阿」，他說的或許是事實，但是掠過了他也曾被拯救過的事情，獲得的情感認同，並巧妙的利用對方，「不知道曾發生過的事」不算，表達話語全都添加了「對自己有利的那部份，而且對方應該要知道」更重要的是其深層的惡意，吞噬對方的自我，「沒有我你根本活不下去」、「我有多重要」，表達的讀者就是「你是我的一部分」。

他的讀者跑掉了，也給自己摧毀了，他將對方貶低到了一個程度，用以成就自己，難怪艾蜜麗亞會說「你心中的我還真利害，不用聽不用問就能洞悉所有的一切」事實上，他心中的她，早就不存在了，被吃掉了，是像鎔爐中用教育為名，摧殘性侵學生的病態老師，也像新聞中各種人們習以為常家暴、脅迫的恐怖情人，而有趣的是，明明犯下了是這麼的不可饒恕的罪，卻因為他曾給予對方什麼，而被解讀成可憐而值得同情的人，被害者反倒成為加害者的奇異心理學。

男主角的行為上，並沒有到那種程度，不過心情上雖不中亦不遠矣，那種赤裸裸而沒啥自覺的情感，再包裝著所謂贈與、給予、施捨、餵食的糖衣，然後混淆了公眾的價值，讓所謂的善念，都變成強加的，都是那般可惡，「強加的善念不是善念」這句話油然而生，他的本質是「用善意包裝的極度惡意，強加在別人身上，阻止其反駁、反抗、無止盡情感的索求，假象的正當性，竄改人的感知，消滅其心智並使其服從」人類最原始也最先進的惡，把人吃掉的願望。

他的語意是，掏空善，隱藏惡，超過數量的用法去吞噬無辜的人。

我會稱之為鬼畜顯學，用笨來掩飾壞，用無知來粉飾太平，用人心的弱點，去操弄人心，在成為一個無辜、弱小、可憐的姿態，求取庇護，求取「我沒有錯，都是他們自己的錯」。

「你只是為了你自己吧」

艾蜜利雅說。

別緊張，ｂｒｏｔｈｅｒ，擦擦汗水，每個人都會墜落到這個地步，踩過這個界線，而你知道的，這個世界並不完美。

人也無法從零開始，不管是如何幸福的國度，都有埋藏極致的不幸，事實上是這樣，人的運氣通常不怎麼很好，走三步就會遇到倒楣的時刻，一不小心就被竊取了什麼，神經與心理無法解釋的秘密是，確實，看著別人不幸我們有時會得到安慰，就算得到了不尋常的地位、金錢、名聲，但只要稍不注意，就會失去平衡，去忌妒他人，然後被忌妒。

只要持續看著自己的悲慘世界，就能找到合理化的理由，「你對不起我」、「你們對不起我」、「全世界都對不起我」，然後一邊說著這種話，一邊拿起電鋸切割對方，一邊責罵著屍體，一邊製造下一個行屍走肉，說這麼多屁話，卻忽略了做最後選擇的，還是自己阿，不就是為了自己嗎？為了最殘缺的那一個。

「你不也為了自己嗎？」

差別在於，我們是否要在失去自我的時候，再度爬起來，以及，我們要不要就這麼簡單的跨越界線，ｓａｙ「我很重要」，但那跟另一種說「我是重要的人」有根本上的不同，就像是「我就是全世界」、「世界得順從我」跟「看著這個世界的我有多麼重要阿」、「怎能少了我呢」，語境上的差別。

那種孤高的自己怎麼會與丟失的自己能相提並論呢？

心智理論就像羅盤一樣，指引我們前進的方向，避開風暴，或直指內心，航向他人的島嶼；同理心是洋流，讓每一艘船彼此相連著，他賦予我們動能，不管距離多麼遙遠，都能繼續前進，而之所以有如此撼動人心的力量，是因為他的本質正如同海洋，我們會因為別人的船搖晃而跟著搖晃，別人痛苦而痛苦，特別是由我們所允許的，所假設的，越靠近自己的船，感覺越是強烈，這意味著它的原始與無情，廣闊的海洋上，我們都只是一艘一艘的小船罷了，它讓我們彼此距離如此遙遠，也如此接近，在這片海上，我們可能，曾經享有共同的意志，但如今我們分開了，我們成為了一艘船，我們篩選其中特殊的部分，駕馭它，像是鳥乘著氣流那樣，旅人望著北極星，它賦予我們的是我們過去互相混淆的狀態，而它分割我們的，是我們無法再度擁有自己，承受不了他人的期待而沉沒，完全進入他人的內心，也象徵著自我的消亡，所以它是危險的，它會成為漩渦，吸引你深入，也會化作巨浪，吞沒你的存在，它的不確定性，不可操控性，也代表的它的珍貴和無所不能，有了海，相隔兩片海域的詩人，太平洋裡的冰淇淋皇帝，印度洋中掙扎的藍綠藻，當颳起風暴的時候，沒有人能倖免，我們無法避免的為他人的憂傷而憂傷而無法自拔，但相反的，我們將因為它而使整體人類得救，所有人，不遺留下任何一人，當我們都能同理彼此的時候，都能識得陌生人，熟悉的人，與我相近的人，離我遙遠的人，同理他們的痛苦，明白他們的感受，很快的，我們就會發現，人們會一個接著一個上岸。

羅盤的成分是海水構成的，在正常的情況下，羅盤能使人看清楚海洋的種種（雖然我們知道那是不可能看清楚的），不過船與船之間的界線，發來的信號燈，這是可以預測的，可以想像的，可以明白的，羅盤能告訴我們船與船之間的距離，以避免撞船，即使搭個橋樑到對方的船上去，那依然需要精準的測量距離，我們必須去明白每艘船所傳達過來的意思，不然，那就只是一個個海上的漂浮物，我們不能觀測他們亦時時感到危機，未知的恐懼與驚慌失措，將會促使我們的船去擾動海洋，一艘羅盤失靈的船，可能在風平浪靜中，卻無時無刻感受到搖晃，那就像是一個平行世界，當我們處於漩渦之中，錯信的羅盤將會引領我們不斷靠近中心－當海豚在我們周圍擺盪，我們會射殺牠們以為是一種威脅，更可怕的是，那種不安定的感覺，我們會感到慌亂，與不安全感，只能用最原始的方式，去感知方向，那就是整艘船沉沒於海水之中，浸淫在龐大的能量體裡，在晦暗不明的深海裡尋求島嶼，光想像，就是一件多麼困難的事。

心智理論，原本就是由同理心構成的，正如同羅盤是由海水構成的一樣，那是我們轉化一部分的自我而成的工具，我們用它去尋找標的，正如同這未知的海洋，是如此龐大，航行其上的船隻，卻如此擁擠，這是人與人之間，情感與情感之間，甚或是本能和本能之間，交織而成的網絡，而我們將之定義為一種理論。

這就是心智理論。

這樣的羅盤，自然有偏狹的使用方法，在不正常的情況下，可以用來引起戰爭，如同弈棋需揣測對方的想法一樣，明白對方的想法並驅使他為自己發生滿意的效用，正因為船下的海水是彼此相交結的，再遠的船隻都仍然航行在海水上，而懸掛在船上的羅盤並不受海水所影響，那麼，不動聲色的發出錯誤的信號，在平靜的海水中攪擾亂流，一個人若識得了一種受創的動作，知道發出特定的哭聲便能引來同情，擺出特定的姿勢，便可以使人注目，那麼，儘管心情上並沒有達到這種感覺，他依然可以擺出正確的角度與模仿特定的動作，達成「那就是讓人們這麼以為」的那種想像。

白話來說，就像演戲一樣。

在達倫。布朗所著的「心靈控制術」中，曾經描繪了他高中時代的一個場景，他將它定位為已身學會催眠的啟蒙，那就有天他在自己的臉上貼了一塊膠布，每個人都以為他受傷了，而抱以同情的目光，一些平常對待他嚴厲的女孩子此時卻對他特別溫柔，甚至有些人看見他的臉，自然的浮現起一股罪惡感，甚至有欠他錢的人，平時都不還他，在這個特別的膠布時刻，他突然想起，並且還給他，好像在彌補某種虧欠。

我們可以利用我們與對方的連結，或者我們服膺的共同理論，引誘對方，布置陷阱，甚至使他們置於錯誤之中，製造一個退無可退的窘境，迫使他們屈服，服從我們，我們可以識破他們的想法使其感到不自由，並面臨龐大的壓力，他們可能不知道那是從何而來的，有時候，純粹是因為他們陷入我們的假設而已。

也就是說，他們，被我們命定了。

神父在職場中，曾經親身經歷到一個例子，那是一場美好的體驗，近乎美好的，一位空降的上司，否定了我們共同的頂頭上司，所交付的任務，當我解釋了這並非我自身之獨斷，而是該為頂頭上司的想法，在那個MOMENT，他說，要不然我們請他確認一下，到底是不是對方的意思，我說沒問題。

他用了一個非常、非常埋的至深的思維缺陷，他說，你去打電話叫他上來。

這看起來是沒什麼問題的。

不過這隱含著支配－服從的關係，第一，我若照他的話做，就代表我屈從於他的指示，第二，他正在離間我與對方的關係，我聽從他的命令，去執行他的命令然後命令我不應該命令的對象要他上來。

若不是顯示我的無能，就是顯示我的無禮，正如同我聽從他去推翻我的自我，我若不聽，卻難以找到反駁或拒絕的理由，他知道我不會去叫他上來，明知道如此卻還故作姿態下如此指令，顯然，就是要陷我於不義，或讓對方以為我是怯懦服從他的並把真正的上司當作工具般叫喚。

理所當然的，神父對著他大吼，並且把資料丟在他桌上，並拍擊它，發出劇烈的聲響，震動了整個辦公間，那瞬間，我成為他的上司。

「你這是什麼態度？」

他問，

「做人的態度」

神父回答。

在心智理論發達者，和同理心豐沛者，會有如鏡面顛倒，誠如心理變態者和自閉症患者，心理變態者的心智理論較高，卻沒什麼同理心，自閉症患者心智理論較為缺乏，卻有較佳的同理心。

人們有時候會將心理變態者當成自己的一部分，純粹是因為他扮演了能刺激他人同理心的動作，但他們本身卻不為他人設想，或為他人的情感有所感覺，但是他們的理論卻可以模擬出人們需要什麼感覺，什麼的行為能激起他們的效用，使得他們為自己服務，同理自己而不同理他人，成為了一種不公正而不自覺，心理變態者擅長製作出一段可慾望的空間，由人們徹底慾望上去，相反的，真正具有情感同理心的自閉症患者，當他們因著欠缺的心智理論而做出不符合社會期待的舉動，人們會感到不舒服而疏遠，心理變態者則會展現出讓人們感到舒服的那種不舒服，而我們以為那是自閉症患者，他是需要同情的。

但事實上，純粹是將我們一部份投射到心理變態者身上，低等的同理心，同理的作用並不完全，甚至在自我與他者之間的界線有些模糊，同理是在同理別人的心境，自我中心式的同理，其實單方面把自身的想像加諸在對方身上，通常神父會稱之為，低等的移情作用，我們同理他是因為能感受他的感受，而有人的同理只是純粹將對方當成另一個自己的縮影罷了。

同理相對於低等的移情，自閉症之於心理變態，我們很容易會失去心中的座標去判斷兩者的差異，這時，有其他的能力去偵測他們就很重要了，假設同理必須跳下海去，心智理論又是懸的過高的羅盤，那麼，有一種轉化的能力顯然介於兩者之間，不用下海，又可以測量海的縱深，不用跳下海去救人，以慎防海妖只是用美麗的外表和魅惑的歌聲誘騙你置入險境，就某方面來說，他亦能產生如同羅盤般的偵測功能，而那是靠向他人的而非自己，所以，測得的東西可能比羅盤還要準確和穩定。

我們還有第三個禮物，同情心。

那或許是像繩索那樣的玩意兒，我們拋出去而不用自己下海，一種可以回溯過往情緒的記憶，想幫助人的情緒，但不用直接同理為對方。有人認為人們應該實現同理大於同情，那根本是癡人說夢，既然是洋流那就自然是自然發生，硬要進入對方的內心，或要讓對方進入自己的內心，那就容易被痛苦所淹沒，你根本無法確定自己處於哪種狀態，也根本沒把握在那種狀態下自己會做出什麼，也許同理能依靠想像而達成，但誠如你欣賞一齣悲劇，你得慢慢的沉入其中，讓情感悄悄的累積，直到哈姆雷特終於刺死他的叔叔，迎向了他最後悲壯的生命，赫瑞修，他的摯友，難道也要一同飲下盃中的毒酒嗎？不，他應該活著，寫下這個故事。

說著「我懂」、「我能理解」、「站在你的立場，我也會有同樣的感受」，不管哪一句都離完全的同理心，有若干的距離，不可能說哪一句，就能掌握到同理心的條件，嚴格來說，「因為不懂所以你不能說懂」、「你無法真正理解，所以你不能這麼說」、「不可能完全成為對方，也不會有完全相同的感受」，判斷哪字、哪句為禁止事項，哪字哪句才是標準語言，這就是沒啥同理心的事，希求一個全然替自己設身處地的環境，這是種傲慢，如果不能成為特別的那個人就關閉溝通的渠道，埋下一個個的地雷，這就是種怠惰，說到底，坐在你身旁聆聽你話語的人，若不是帶有特定的誠意和信任，若你並非對他一無所知，若你曾仔細的觀察他、與他交流，那真正的不懂是不存在的，他多少會懂，永遠無法去理解是不可能的，他一定多少能理解一些，完全無法站在你的立場，他的經驗一定無法去推論到你的經驗，這也有待商榷，這一切只是程度的問題，或遠或近，如果他把你擺在離自己相近的位置，那麼，你很幸運，如果他擺的遠些，那麼，你應該感謝他現在願意坐在你眼前。

只要真心誠意的表達，那就是一個好的ｃｏｍｍｕｎｉｃａｔｉｏｎ，只要耐著性子，試圖努力的解讀，並且試圖用你明白的方式回應，分享自己的經驗，無論是分擔痛苦或是真正想幫你解決問題，尊重都是必要的，雙方應該做的是擱置懷疑，構築信任，以及，最重要的，避免遷怒。

同理心是這樣的，若你住在芬蘭的拉普蘭，你就是會比住在印度的人更相信聖誕老人是存在的，是真實的人，就像喊著朋友的名字，這取決於關聯性，對方置入你心中的遠近，就像你看著飢餓３０的照片，以及現在在你面前，顫抖的瘦弱小孩，那意義有根本的不同，現在你有１０塊，你要走到超商去投下零錢，還是買個關東煮給予他溫飽？除了先天，腦中你所具備的亮點，更有著後天你生活經驗的總合，以及學習，這是可遇而不可求。

相反的，同情心更容易顯現、沉浸、抽離，ｍａｙｂｅ是夾在心智理論與同理心中間，一種能試著推論別人，而不被帶走，試著幫助別人，而減少對自我的負擔及損傷，對於人，在某些時刻，毫不考慮的１０元硬幣，會比同樣沉浸在飢餓的憂傷之中，更有用處，而對於事，在某些場合，當下的判斷能使你看的更加清楚，而不被欺騙或成為斯德哥摩爾。

是的，我明白你的遭遇，我理解你的處境，我同情，但我有必須要做的事。

心智理論、同理心、同情心，這三份禮物，形塑了自我，甚至進一步的，成為法則，成為心中的無上命令，讓我們知道什麼是輕重，什麼是程度，什麼叫做方向，什麼是真正的「成為特別的人」。

在跌落谷底的時候，不至於迷失自我；在極度衰弱之時，重新找到自我，三份禮物，人或許有些多，有些少，但不能說，我都沒有。

自我之法則。

正是因為看著這個世界，看著別人，才能看到身在其中的自己，就算是孤獨的，就算是得到了權柄，都不能忘了自己是誰。

就算是被全世界背叛，我是這樣；就算隨波逐流，我還是這樣，心中不肯被交易的，就是價值，心中不願丟棄的，即是想像，想像一個全然完整的我，即使被驅逐了拿走了全身的器官，即使犯了不可饒恕的罪，萌發連自己都討厭自己的想法，我還是必須回去。

回到心中的寧靜，回到人所存在的世界，找回最後的尊嚴和寂寞的驕傲，找回自由。

該說話的時候，我們說話，不能說的時候，等待能說的那一瞬間，並不是不想被關注吶，也不是想就這樣被遺忘。

只是存在著，凝望這世界，就十分感謝了。

為所當為，無為而無不為，量力而為，並非自以為，如此便有是非，有對錯，有答案了，氛圍凝重的時候，便伺機突破，迷思蔓延之時，仍有該做的事，就算無法成為眼前的那一位，至少也要讓自己和自己身邊的人繼續存在。

ｙｏ，ｂｒｏｔｈｅｒ，聽過這個故事嗎？

小女孩打開了禮物。發現了裡頭埋藏的蛋糕，她高興的喊了一聲，品嘗了起來。

「我猜對了吧！」

她說，

「沒錯，不過我也猜對了。」

「你猜對了什麼呀？」

神父摸著自己的胸部，微笑不語。

盒子裡其實有兩塊蛋糕，我拿走了一塊，藏在胸部裡，但裡頭還有著我所知道的，尚未碰觸的那一塊。

小女孩津津有味的吃著，神父凝望著她，感覺到胸口的奶油十分溫暖。

小女孩猜對了神父將蛋糕藏在哪裡，這是心智理論運作的結果，也許你會覺得奇怪，她應該打從一開始，就看到兩塊，而如今只剩下一塊，那就是神父猜對的事了，她願意和我一起分享蛋糕。

而神父胸口感受到的溫暖，正是兩人一同品嘗蛋糕得到喜悅，雖然，一個是用吃的，而另一個是用胸部去品嘗味道，事實上，同理心除了能感受到彼此的痛苦，也能一同分享，喜悅的ｆｅｅｌ。

聽到這個故事的你，也許會為神父的行為感到同情，這也很好，這都是非常棒的禮物。

心智理論、同理心、同情心，我們天生擁有的三樣禮物，這就是我要告訴你的事，沒錯，ｂｒｏｔｈｅｒ，就只是這樣，就只是這樣而已。

ｔｏ ｂｅ，ｏｒ ｎｏｔ ｔｏ ｂｅ；ｔｈａｔ’ｓ ｔｈｅ ｑｕｅｓｔｉｏｎ，ｔｏｍｏｙｏ。

Chapter 5
雪屋

單是看著海水並不讓你渡過海洋，不要被切斷，不要被最細微的分隔，隔離在星辰的法則之外。

——泰戈爾

ｙｏ，ｂｒｏｔｈｅｒ，人所在的世界，就像北極。

寒風刺骨，一片白茫，看不清楚方向，也不曉得腳下踩著什麼，也許是某隻動物的屍體，牠正被白雪覆蓋。

白天的時候，陽光反射白皚皚的雪地，一不小心，可能就燒灼了角膜；晚上，氣溫驟降，稍不注意，可能就會失去了自己的溫度，我們得來回踱步不停，否則，一躺下去，可能就醒不過來了。

對於這片極地上的其他人，我們只能看的見影子，我們不清楚他們在想什麼，誠如被雪覆蓋的東西那樣未知，也許他們手上拿著槍，是獵人的獵人，槍是不長眼睛的，儘管我們都是人類...誰知道呢？也許他把我想成是個北極熊，毛茸茸的北極熊，既可愛又暴力，而人總不知道「剛好」是什麼，也許我在遠方，而他很害怕，他很害怕所以朝我開槍，他不會等我走到了兩人之間的中線，ｓａｙ「嘿！

我是人類！」，搖搖手說「我沒有超線喔！」然後點點頭回答，「原來是這樣阿！我的朋友！」、「你只是披著羊絨外套，又有點少根筋的傢伙！」就只是，看到黑影就開槍。

人們總習慣「超過」去，明明走到１就好了，他們就走到３，為了要保住放在１的東西，而多走了好幾步，超出了自己的領地，侵占了別人要走的路，「你的東西明明在１呀！」我說，「我要保護放在１的東西！」他說，一邊說著，一邊越走越過來，我知道這是怎麼回事，就像我看到他走過來，就已經開始逃跑一樣，「他超過２了！天哪！難道他不知道３是我的地盤嗎？」一邊咕噥著，一邊逃跑，為什麼要逃跑呢？因為我的東西放在９，我要趕快去那裡，這傢伙太可怕了，搞不好他會一直走到７，然後來搶奪我放在９的寶物。

人的思維，原本就像是台自私機器，每個人都為了自己，所以，這裡看起來才像北極。

幸好，人會造屋子。

造一座雪屋，然後躲在裡面，雪屋包覆著我，讓我不用赤條條的面對風雪，雪屋裡可以放任何我喜歡的東西，例如緊鎖著悲傷回憶的小箱子，我可以在雪屋上豎起深緋色的旗子，告訴人們我在這裡，這裡是我的地方，也可以收起旗子，讓它消失在白色的地圖中，我在裡頭烤火，寫下自己的日記，我在裡頭沉思，在外頭散步，一聽到槍聲就躲進去，我的雪屋是一座會移動的城堡，是一襲白色的嫁衣，偶然見到它的人們，會感嘆它的精緻和藝術性，而對其感到破舊或骯髒的人，我能隔絕他們的失望，捏著腹部在隱密的角落中安靜憂傷，如果說１上面有什麼，大概就是一座ｃｈａｒｍｉｎｇ的雪屋了。

雪屋的外頭，有閃亮的冰磚堆砌，那是一層極佳的絕緣體，冰晶緊密的相黏，堅固而不易摧毀，他有非常好的容錯性質，意即，他的外表是凹凸不平的。

凸起的那塊，可以放置玫瑰，你知道的，總有些讚美是多餘的，那是因為雪屋裡的我並不如他們所說的美好，但冒然拒絕，似乎顯得對對方不敬，而這些美麗的花朵，也藏著人們的心意，即使他們言不由衷，但想要修補或增加你我之間的關係……有也不怎麼壞，對吧？

所以我有一個放置玫瑰的地方。

凹陷的那塊，用來容納怨懟，你知道的，我們很難不被人討厭，而被所有人喜歡，每經歷一次次衝突或展露自我的過程，就像巨人在花園裡移動，你總是會驚嚇一些鳥兒，侵奪了土撥鼠的財產，對了，就是那土，你很難，幾乎不可能，在走路的時候不把腳放在地上。

如此便會招來怨恨，因此那塊凹陷便是用來妥協，即使雪屋裡的我們一點錯沒有，「好吧，就讓你討厭吧」，如果我是施放壓力的那一個，那我更要有個凹處來容納雪球了，如果我是被施予壓力的那一個，想必我也有什麼欲使對方來施與的理由，儘管，那和我無關，通常是他們對於自己災難式的想像。

不過我有一個凹陷，在房子外頭接住那些東西。

兩個人的交流，就像兩座雪屋面對面，那傢伙捏了一大團丟來，好吧，儘管有點莫名，不過我也知道那傢伙是怎麼回事，他「錯信」了我，那麼，我就打開「容錯」的那一面。我們計算了責任，但那一大團雪球，實在太大顆了，老兄，他幾乎用了你屋子週遭的雪，這可就一點也不ｃｈａｒｍｉｎｇ，我的房子會被打垮。

也許我房子可能撐的住，垮了也能再建起，但是這是面子問題，是公平性的問題，更是ｋｉｍｏｃｈｉ的問題，瞧瞧，連我房子旁的雪你也偷偷鏟起來，準備丟我。

所以，至少你拿一點走，還在半空中的雪球，你的屋子也有一個凹陷...你應該吸走它一部分，或者讓我來丟你吧。

你知道的，丟在裡面也不算你的。

「碰」的一聲，偌大的雪球不偏不倚砸在我的雪屋上，一點也沒有少，十足的份量，我的凹陷被填滿了，正確來說，它已經滿到塞不下了，我的屋子產生了裂痕，那些不算我的，也滲進了屋子裡，弄濕了我的日記，壓毀了我的箱子，屋子裡的一切，關於我的本質。

然後你悠哉的在自己凸起的地方插上了一朵玫瑰花。

你插滿了玫瑰，這讓我氾濫的屋子，滿溢出冰冷的雪水，我連撿拾一些雪丟回去，都做不到。

你連那凹陷都插滿了自己的玫瑰。

我只能摸摸鼻子，整理自己的屋子，要知道屋子內滲進了雪，也不過是小事，麻煩的是我的冰磚產生了裂縫。

我屋子內的溫度開始下降，我知道下一陣刺骨的冷鋒，就要到來，於是我嘆了口氣，開始填補那些縫隙，ｍａｙｂｅ可以用一些屋子內的地毯和獸皮。

我忙碌著，緊張的流下汗水，透過隙縫，看見你笑盈盈的走來，放上了一朵玫瑰花。

「我的雪球讓你的身子暖些了吧？」

你淘氣的說。

噢，我可愛的小女孩，

我流汗是因為我困窘。

然後玫瑰花填不了隙縫。

人與人之間的交流，經常充滿著錯信，話語如雪球般紛飛，互相丟擲，卻忘了那雪，雪融化了，流淌出自我的意識，我們不知道那樣不可控的自我，在捏雪球的過程，滲入了有多少在裡面，雪球是雪做的，雪中有自我消融在其中，雪球、雪和自我，那才是手上捏的東西的全部。

而把手中緊捏的東西，傳遞給對方，我們稱之為對話，要知道，打起雪仗來，之所以好玩，是因為我們前頭有一個對象，他會是動的，雪球丟在他身上，會碎散成雪花，讓他身上沾滿了雪，他露出笑容，也擲與你一顆。

我們知道他有感覺，雖然不清楚全部，但可以憑著有限的感知，去知道對方一些，從那表情與肢體的動作。他可能假裝很憤怒，她可能臉上露出蘊色，但我們知道他們喜歡這麼做，我們想像他們會喜歡，因為他或她生氣的臉，下一秒可能會變成微笑，然後我們猜對了，在對方的雪球也落在我的臉上時，我擺出一個漠然的囧臉，那和平常的我不太一樣，我的臉龐有雪花做裝飾，那是來自於她的，她很高興，自己的一部份，在我靈魂深處產生了效果，她嘻嘻的笑了出來，似乎忘了她身上還殘留著我的雪。

這就是語言的本質，付出與回報，表達與回應，我們稱之為對話的東西，所以如果說，對話，僅僅只是說了幾個單字而已，飛在天空上的只有「雪球」，而沒有雪，沒有雪落下以後的種種，那只是擷取其中一個片段，假裝他們不存在，若不是在裝傻，就是如行走中的蛞蝓，不認得自己的痕跡，壓倒了禾草野花而無甚自覺，吸引來憤怒的園丁，朝自己灑上一片鹽，還以為是雪。**形成對話是一個合作的過程，一種結合了感知、猜想，同理心與預測、映證、實現的複雜過程。**

所以我說了一句話，「那顆星星還真是無聊。」聽話的人就必須轉頭，看向那顆星星，並且理解它是無聊的，他信任我，信任我說的是真的，而我可能只是隨口說說而已，但是他在無形中已ｐａｙ ｔｈｅ信任，這使得我產生了責任，許多人會覺得這是理所當然的，我說話，然後他聽取，我們都必須明白那顆星星是無聊的，但那是他多付出了信任，提升了自己的知，去想你怎麼想，他可以想別的，例如那顆星，既閃亮而充滿希望，或者，他根本沒興趣抬起頭，但是他抬起頭了，他實現了你的願望。

「是阿，那顆星星真是無聊」

他說，你很幸運。

這絕非是理所當然的事，當他解讀成別的，「你是一個無聊的人，正在感到無聊」或者「你是不是在說跟我一起很無聊？」這絕非是他的錯，應該說，這是正常的，他並不跟隨你，的思緒，他不明白你，在想什麼，**他想的跟你不一樣，這是他的權利，你無權因為他不符合你所思所想，就將責任移轉給他，或擅自產生新的責任，他必須實現你願望的責任**。

「那顆星星還真是無聊。」

因為那是你想的，你的願望，從頭到尾都是。

你想讓它成為真實，所以企圖增加它的信度，一個人這麼想，兩個人這麼想，那麼，那顆星星就會是無聊的，你得到了安慰，擺脫了罪。

所以語言是這樣的，並不是你認為怎樣就是怎樣，還包含了他認為是怎麼樣，這不代表他所認為的就算是你的份了，他認為的還是算自己的，並不能加諸於你，誠如你不能加諸於他一樣，你們不能代替彼此做決定。

這就是錯信，錯誤信念，關於彼此信念所得到的各自的結果，皆屬於自身，並不能類推至共有情境，甚至擴大到對方所想像的世界，應該說，你可以這麼做（不這麼做大概就完了）但不代表它「本來」就是如此，誠如同我用望遠鏡去看天空，不代表這個世界就屬於鏡中的那一片，這個世界得一直像鏡中裡頭的景色，那樣運轉，兩個人用各自的望遠鏡看同一片天空，不代表他們看的都是一樣的，彼此的望遠鏡有型號、口徑、折射率的差異，也許他用的是折反射式的，鏡面上有一層金屬鍍膜，然後它容易生鏽，看出去的天空就帶著些許霧濛濛的紅斑。

錯信就是指個人所持有的信念（望遠鏡），看出去的東西，並不符合真實的情境（天空），而每個人的望遠鏡，看出去的風景，難免都會有誤差，他們得到的共同結論，經常只是一種大略相似，有些人看到鏽班，有些人看到蚊子飛舞，那些屬於他們自身視野的東西，不代表它們不存在，**也許他們是錯的，那是存在在鏡子中的雜訊，屬於他們自己的東西，也許他們是對的，他們的鏡片異常的清楚，能看見別人所看不到的**，要知道，沒有人，可以看見彼此的鏡中景象，**我們所得**

到的共識，透過言語交換，只不過是每個人望遠鏡中相互描繪的總合，總有些被裁掉，或增補，就像用ｐｈｏｔｏｓｈｏｐ去柔化、描邊得到的影像，總有人可以看到比原本的多一點點，或者原本根本不存在的東西。

知道了這點，對一件事所抱持的看法，就不會是「嗄？他怎麼會這樣？」、「他怎麼可以這樣？」、「他不該這麼做，這麼做是不對的！」，而**變成「噢，我知道他為什麼會這樣，儘管我無法全部理解」然後「就算是這樣，他還是錯的，這樣做是不對的。」**

就不會是「神父呢？神父去哪了？」、「神父怎麼消失了？」而我就正在你面前，神父之所以看不見了，是因為神父是紫色的，而你的鏡片被薰染成一片濃紅，自然就看不見紫色的神父在哪了，但看不見仍然可以感覺到我的存在，這也就牽涉到容錯的能力。

容錯，就是容忍錯信，知道人與人之間「知」的障礙，「知」的不準確性，所以可以容納它，可以允許它存在，容忍，不代表不能反對，或一定得接受，而是「知道了有這件事」，這件事可能是種另類的事實，存在於事實與事實之間的夾縫中，我可以看見看的見的部分，但我看不見的，必然有些東西正在隱隱然運作中，而我不知道，我知道我不知道，**所以我前進，必然帶有著「不能前進」的意識在，可是我還是前進了，硬生生的輾過它，如果我只知道前進這回事，那我會永遠驚懼那些使我不能前進的東西，那些阻礙，可能來自於不完全的自己，當我預設我是完美的，我就會害怕，害怕驅使我將這些阻礙消失**，用各種手段併入「知」當中，於是各種風險與責任就會開始移轉，我就開始表現出，不符合真實情境的說法和行為，然後這些東西，即是本我，我不但不能控制，還會非本意的，去推卸責任給別人，以滿足自身之美好想像。

或者是悲劇的主角。

但當我知道我前進了，還會伴隨著這些「不能前進」的意識，「不能前進」是會去影響別人的，當這些人化成阻礙在我面前，而我又必須前進的話，那我就前進，**跟單純只想著前進的人不同的是，對於挫折或阻礙的態度，我會知道那是怎麼一回事，我不會讓本我去判斷我的自我是被損傷的，而不斷自責（內傷）或去歸咎（傷**

害別人），我行為將被掌控甚至修正，我踏出的每一步，它不會是粗糙的，我面臨的那些阻礙，至少我是清楚的，我將如穿戴著盔甲在馬上，有別於那些赤裸裸的人，我們都將受傷，但我知道敵人在哪裡，箭從哪裡射來，自己人為什麼會砍到我，哪些人混在裡面，我傷了誰，我誤傷了誰，事情到底是怎麼一回事，戰爭是怎麼開始的。

然後我受傷了，但我的自我保持了完整。

這會令我產生自覺，自我覺悟。

不想傷害別人、又不想被傷害，這個想法人人都有，但其實有著天差地遠的意涵，**有些人實現它，是「加倍傷害別人，然後數倍傷害自己」**，因為喊著「不想傷害別人」的時候，其實仍是以自身之處境，作思緒的運轉，如果將自身作為思維機器，請它執行「不想傷害別人」的願望，正常的情況是它會驅使人的身體，停止傷害行為，或者避免去做傷害人的事，這是正常的情況，但另一種特殊的情況，**這個機器會自我內縮，也就是欺騙自己，因為無法停止傷害的行為，就將傷害的當下，定義為非傷害，讓它看起來好像沒人受傷害，也就是行為的意義，是在保護著「不想傷害別人」的思緒，而非使其付諸實現，行為的願望是在維持「不傷害他人的自己」的形象，而非他人**，「不想傷害別人」其實是種口號罷了，一種自我安慰或者自我開脫，其實只是為了自己。

而人，很難不為了自己，我們試想那種真正的「不想傷害別人」的情況，它也是由自己所發想的，所以運作當下只是程度的問題，3 分的為自己，2 分的去為他人，那就是無私，**5 分的為自己，0 分的為他人，那就是種極度自私**，在此，我的說法，並不願為另類右派的「人都是自私的」、「人都是為了自己」做任何背書，因為他們說的是謊言，是幹話，所謂的無私，我們也可以解釋成當人開始為他人設想時，哪怕只有一分，都會是種突破的無私狀態，**我要說的是，假如是一種極度內縮的利己狀態，去完成無私的想像，會造成的弔詭是什麼。**

那就是我一顆石頭丟過去，讓對方頭破血流，我會說「其實你沒有那麼痛吧」、「你不會痛對不對？」，或者是「我們只是在玩而已」，「我只是想丟到河裡，但是你站在前面」、「我不是丟你，我是在丟你身上不乾淨的東西。」、「石頭自己飛過去的」、「你太誇張了，只是一顆石頭」、「我沒想到你會流血，是不是你太脆弱」，「你應該要閃開才對，這不是我的錯」、「我以為我丟的是一塊橡皮擦」諸如此類的反應，類似一種「除錯」的過程，也許他會直接否定行為本身，「我沒有丟，是他自己流血了」、「你有證據嗎？」、「那不是我做的，是別人。」也因此儘管被丟的人，親眼目睹了我將石頭丟擲在他的臉上，並迸出鮮血，我還是會視若無睹的告知對方這一切並不曾發生，**當我要運作「不想傷害別人」這個原則上是利他的劇本，卻以實際上利己的形式來操作它，我會設法使得謊言成為真實**，並且真的這麼相信，因為望遠鏡內的景象，應該是滿天星斗，而沒有一絲雲翳。

這樣的思維將會在無意間把責任，轉嫁給他人，以換取明朗的天空，而我們將一無所知，知道也要裝做不知道，而且裝的很像，也許我們不再裝了，直接抽取對方的知，滑動整片事實背後，理當共同感知的意義，讓責任全部都滑過去，**不只不負責任而已，而是去讓對方多負莫須有的責任**，用以求取自己完全的無責，簡單來說，就是直接向對方求償，或提升自己到一個不可思議的位階，「殺不死你的，將會使你更強大」，我一邊丟著石頭，一邊說，「這是懷著獅子將小獅子推下山谷的心情」、「未來你將會面對更大的石頭」，「你不能再前進了，看看現實吧」、「你是如此弱小」、「你會死去的，所以我阻止了你」，「你應該保護我的，但你沒有」、「這顆石頭就是要告訴你這件事」、「你是我心頭的肉、肉中的肝，我的朋友」、「我是如此欣賞著你，是如此思慕著你 .... 你應該滿足我的期待。」、「你不應該讓我失望」、「而如今你讓我失望了，所以我跟你討回來」到頭來，人們扮演的都是幻術師，扮演著長輩、摯友、心靈導師、兄弟、姊妹，你的上司、老闆、法官、陪審團，一個令你親近的人，一個你覺得重要的人，一個比你還高尚者，卻不扮演他們真正的角色，**一個站在你眼前的人**，正在對你施放壓力，他們不問所扮演的角色，資格到底是什麼，應盡的義務是啥，該要面對什麼風險，比如親近的人應該要分擔壓力，重要的人應該豎立榜樣，高尚的人應該承擔更多責任，而且還得真的比你高尚才行。

一邊揮舞著鞭子，一邊哭著說愛你的人，基本上，是一種病態，遇到鞭子，人們會退縮，而如果愛是一堵高牆，阻止你逃跑，這會有兩種意涵，先有鞭子，牆才臨時搭起，噴漆上愛這個字，還是先有愛，長久存在於此，鞭子是不小心拿出來的，鞭子的意涵是什麼，是為了自己的痛苦而揮，而將痛苦轉嫁到他人身上，因為是愛人了，做什麼都會被原諒，還是為了愛人而揮，而名之為痛苦，我們只

要指著這個鞭子，詢問對方，

「這是什麼？」

這是鞭子，鞭子就是鞭子，不管是為了什麼，鞭子都不會變成愛，虛假還是真實，防衛還是保護，全在那扭曲的人承認了什麼，認清了什麼。

人活在人的世界裡，很難不能停止自己施放壓力，或被迫成為施放壓力的那個人，那麼，如此一來，就是怎麼「認領」的問題，如果每張牌背後都有個名字，去改寫那個名字，或將名字替換成別人的，或把自己的名字寫在別張牌上，屬於自己的那張牌的背後，卻是一片空白，那麼得到那張牌的人，只能左顧右盼，哀傷的寫下自己的名字。

牌轉來轉去，因為信任而彼此交換，無論是禮物還是利刃，都署名著責任，有人認為單方面的贈與禮物，即能在無形中產生回報的契機，我贈與你三分，你即欠我三分，所以，有些人想得到別人的東西，就預先贈與了禮物，等到時機成熟，就開始討取，送了十隻兔子，就拿走了對方的孔雀，以為這就是公平。這是有問題的，你的知並沒有寫入對方的知當中，如你是有所求的，而對方是無所求的，那麼你所送的，不過是多餘的東西，並無甚價值，你自認為是黃金，而對方認為是石頭，拿自我之黃金的意識，拿對方意識中的黃金，這並不公平，拿不到還要產生怨恨，此即無法知道對方能有「錯信」之故。

然而，贈與對方，不代表對方就什麼也不欠，他必然也欠下你一些責任，這個責任大小，由兩人的知做決定，即使對方認為這是不求回報的，他欠的是零，但他的知隱隱約約會體會你所想的，至少他知道這件事，也就是說，如你送一根蘿蔔，他認為這根本沒有什麼，下次你煮菜需要蘿蔔的時候，目光望向他，他卻一臉無所謂的樣子，一點也沒有拿些什麼來回報的意思，於是你狠狠罵了他幾句，他聽了，摸摸鬍子，抽了根菸，並且意會過來，並非你罵的是對的，也並非他做錯了什麼事，而是感覺到那背後隱藏的責任是什麼，他選擇了不回嘴，讓你罵個幾句，並不是他想被罵，或是他應該被罵，而是他覺得他有責任，去容許你對他的負面觀感，釋放你的負面情緒，他容納了你對他的錯誤認知，以及執行自身的錯誤信念，雖然那是扭曲的，對他並不公正，但他知道那個「來源」是什麼，和他略為相關，而就算不認同你的行為，但可以體會那行為背後的思維，恩，原來是這樣，他選擇容忍了一個空間，他認領了一點相關責任，他讓自己，可以被你討厭。

這就是「容錯」，做為一部分的壓力來源，他讓自己具有可厭憎性。

如果有人只收著各種禮物，而不去感知那興許的責任是什麼，行為上，他不斷的收禮物，並且認為那都是他們自願的，和自己沒什麼相關，他不去做任何一點象徵性的回饋行為，而將那些禮物做任意的分配，比如分送給其他朋友或恣意花用，他不去拒絕，也不謹慎的對待，而是隨隨便便，理所當然的享受著，常此下來，行為就會影響他的認知，除了將自身陷入他人之錯信（不勞而獲通常會被認為是不公平的），引來妒忌（為何他能平白無故的擁有而我卻無），而關於贈送者之心思，如他只是個無所求者，持續不斷的贈送，而得不到回應，只會讓他人覺得他是可憐的，像是個傻瓜，如他是有所求者，則可能要求不合理的回報，使自己置於危險中。

這樣的危險，在於我們判定這是「不需要回報也不用負責任的」，如果我們勉強的還給對方一點東西，在這樣的狀態下，自我都會認定自己是受到損害的，是不公平的，如果是被逼迫或被拿走重要的東西，那麼除了物理上的損失，心靈上也會受到劇烈的損害，可能會比「或許需要一點回報」以及「不需要回報但可能有一點責任」的傷害感受程度，更加讓人難以釋懷，這兩種判斷同樣都會覺得不公平，也許「需要一點回報」在面臨索求等值的回報，自身是可以認可的，但我們撇開用價值來評斷整件事的對錯，誰該拿多拿少，而從單純相對的感覺來看，「不需要回報也不用負責任的」心理上是沒有什麼準備的，如果最終的結果都是被拿走的話，他可能連被拿走的原因或理由，都沒法子下判斷，只覺得在莫須有的狀態下，「我就是被拿走了什麼」。而弔詭的是，正是因為陷入於這種狀態之中，往往更容易交出重要的東西，一旦信守的絕對原則被打破，事實正違反意願的發生中，意識就會處於一種荒誕與茫然，使得信念發生了錯亂，便可能疏於判定接下來的事，哪些是重要的，哪些不重要。

而陷入對方予取予求的困境之中。

而如果成功守衛了「不需要回報」的底線，「不用負責任」的想法，將會任由那四散的責任，由對方來演繹，儘管我們不承認它，但也失去了影響對方信念的機會，於是對方的想像越來越龐大，最終我們仍然必須直接面對他，關於他的憎恨，因為我們缺少了被憎恨的理由，將使得他將壓力裝飾自己，化成一個恐怖的獸。

想像一個青面獠牙的鬼怪出現在自己面前，我們第一個感覺是害怕，第二個感覺將會是不解，為什麼他能如此討厭我，為什麼我必須被討厭，為什麼我得遭受這種對待——除了被冒犯的感覺加劇，更蒙上了一層不白之冤。

這和前述的「我就是被拿走了什麼」的情況類似，皆屬於一種錯信，不過此時的情況，是面對著來自外部的威脅，和彼時的情況略有不同，我沒有被拿，但是對方很可怕，而且我不知道在害怕什麼，相似的情況是，原本害怕一分的東西，我可能會害怕十分，原本是厭惡一分的感覺，我會厭惡十分，一股噁心的感覺，會從心裡悄悄運作，和「不需要回報但可能有一點責任」的想法不同的是，這種感覺可能是膨脹數十倍的，原本是灰色的頑石嗅聞到沼澤中的臭味，抖升到林中潔白的鵝卵突然被沾染了墨汁。

如我們要排拒這種害怕的感覺，這種感覺原本是來保護自己的，但是因為被揍的感覺太痛了，我們不是怕拳頭，而是怕痛，所以就乖乖聽拳頭的指揮，於是就喪失了原本的目的「不需要回報也不讓他拿走什麼」，進入了兇手的邏輯，「不需要回報」下，被任意拿走了什麼，以解除這種不舒服的感覺。

痛，原本要阻止對方，結果卻是使自己臣服，痛，原本是要保護自己，結果反而讓自身陷入更大的痛苦（想想拿出去以後會陷入什麼狀態）當然，也許我們夠強壯，可以徹底和對方對抗，但那將會是個原始的對抗，直接而且激烈，我贊同這樣的對抗，也應該如此，但，不要忘記，我們原本需要對抗的只是一隻小小的蜘蛛，而我們大他數萬倍，如今，這隻蜘蛛自行成長了，成為像是阿辣哥那樣的東西。

感覺是真的，也可能是假的，因為感覺的真假，在於我們如何解釋它，在心理學中，心跳加快與腎上腺素飆升，不過是種生理狀態，害怕或興奮，這兩種截然不同的東西，都可能是這種「感覺」，如我們不能正確的將它併入知中，找尋它的來源的話，哭和笑，倒是分不清楚了，如我們服膺本我的感受，而使其違背自我，到頭來，快樂的去做痛苦的事，痛苦的去做快樂的事，都違反了我們本來的願望。

我們要相信感覺，更要相信感覺背後的知，知道了我們可能持有著錯信，而對方也可能陷於錯誤，用知去釐清那責任是什麼，那責任屬於我有多少份量，先負責而後使對方負責，容錯的空間將會使我們有更自由的選擇，逼使對方回復本來的樣貌。

至少，我們能看的清楚。

在神隱少女中，最令人印象深刻的畫面，是無臉男來到溫泉屋的那一幕，那時他躲在窗外，看著千尋在擦地板，千尋注意到他了，發現他正在淋著雨，於是開了門，留出一小段縫隙，

「那麼，我就不關門了。」

千尋說，說完，就離開了，無臉男悄悄的進到屋子裡，並想給這樣的善意一點「回報」，於是無臉男偷了湯屋打掃用的鑰匙，捉了一大把，遞給了千尋，但是千尋只拿了一個，無臉男顯然並不滿意，他覺得應該給千尋更多的好處。

無臉男吃了聒噪的青蛙，開始說話，他到處發金子，成為了湯屋的貴客，他到處大吃大喝，見錢眼開的湯屋店員們，也樂意替他獻上食物，儘管無臉男是危險的，他吃了人也吃食物，每吃了一個人（應該說是打工的妖怪）就得到了他們的能力，身體也慢慢膨脹，像一個怪物，但是人們並不怕他，因為他會變金子，他們陷入了錯信之中，會發金子的怪物，也就不像是怪物了，人們樂意替他服務。

而無臉男也陷入了一陣錯信中，他發現金子的力量，金子可以辦到任何事，人們看到金子，表情都變了，看待他的眼神，眼裡閃爍著金光，於是無臉男不再是昔日那個沒有存在感的幽靈，連湯婆婆也對他從厭惡轉變成喜悅，無臉男認為人們就是這樣，而且也喜歡這樣，無臉男征服了湯屋，成為了湯屋的主。

但是千尋不喜歡金子，也不喜歡食物，「給你吃，這個很好吃」，無臉男伸手遞出食物，但是千尋沒有接受。

無臉男認為自己是好意的，但是殊不知，此時的無臉男，已經在無意間，不斷的釋放壓力給千尋，人們在電影院中所見到的，是一個可怕的妖怪，正在強迫小女孩接受他的好意，而他看起來，就像要吃了她似的。

應該沒有人會想，「ｈｅｙ，千尋，你應該吃無臉男的東西才對！」人們此時，只會感到危險，食物背後的，是強烈的自我意識，而且正要強塞給千尋，每個人都感覺到了這股不尋常，那不是為千尋著想的禮物，那不是真心為了千尋好，而送的禮物，而是自己單方面的期望而已，人們無法相信無臉男，那是因為無臉男傳達出來的感覺，收了禮物，千尋不知道會怎麼樣。

無臉男實際上給千尋帶來了麻煩，他顛覆了千尋的世界，可惜，他似乎沒有這種感覺，我們想想無臉男一開始的目的，想報答千尋，讓千尋開心，但是他現在做的，幾乎完全違背了他的願望，可是，他卻相信著自己正在執行這個願望。

有發現到了嗎？ｂｒｏｔｈｅｒ。

千尋微小的關心，在無臉男的眼中是非常巨大的，所以他計算著要做很多事，來報答她，但是千尋拒絕了他，千尋沒有照他的意思，無論是她應該要拿走全部的鑰匙，結果只拿走了一個，還是她沒有收下大家都喜歡的金子，美味的食物。

千尋認為只是小小的關心，但無臉男認為那是非常重要的，孤獨的他，信念產生非常大的誤差，他認為千尋注入了給他很多、很大的自我意識，但事實上，千尋只是開了窗而已，這讓千尋認定，不能收下他太多的東西，但是無臉男認為那並不夠，他認為千尋並沒有真正的回應他，所以他很驚慌，他不能理解，他習得了「無助」。

不管給了什麼東西，千尋都無法接受，他塞了太多「自我的主張」，讓他的好意變得不透明了，看不清他是為自己，還是為了千尋。

而那樣的自我，是令人害怕，令人窒息的，小小的千尋，能不能承受，無臉男沒有去想千尋的想法，**他不斷的想讓自己的「規則」完整**，千尋給了我關懷，然後我也要關懷千尋，但是這個「規則」是有問題的，是由自己的錯信交織而成，他為了完成自己的規則，**卻放棄了「本願」**，等到千尋給了他真正的回應，河神的丸子時，他卻以為千尋是要傷害他，這個傷害是數倍的，包含了前頭千尋不斷的違反他的期望，以及吃掉河神的丸子帶來的痛苦，他不斷的嘔吐，這樣強烈的自我意識，他服膺了「痛苦的感覺」，還有自身之錯信，然後連最基本的，他應該要相信的千尋，他選擇了放棄，並憎恨她，將壓力施加給她，而河神的丸子對他是有幫助的，讓他吐出不該吃的東西，回復本來的樣子，但是他根本沒感覺，於是原本是要報答千尋，結果卻是追殺千尋。

許多人不太敢接受他人的好意，哪怕是絕對無償的，就是懼怕那背後的陷阱，「好意的條件」，不知道推翻了以後會造成什麼代價，對於無臉男來說，他道德上的罪刑有無在於兩者，他送出了他「回報」的禮物的當下，以及送出禮物的瞬間。

如果千尋推開窗，填補了他被冷落感到寂寞時的缺憾，他想要「回報」，但對方卻不讓他「回報」，那麼他的意識就像被阻塞的溫泉口，水怎麼樣都無法冒出來，這樣的痛苦是難以言喻的，甚至牽涉到了自尊，或者說，自身存在的意義。

他是被同情的，而且是被施捨而且無力的人，千尋的地位比他還高，儘管他無意爭取比千尋還高的地位，但至少想與她平等，一個寂寞的人應當獲得認可，不管千尋從他背後看到多少災難的影子，在成為他的「重要的人」以後，不應該也成為「否定他的重要的人」，當重要的人認為他並不值得信任，如同肯定他以後再給予深深地否定，從一個孤獨可憐的人，變成一個會佔有、傷害他人的「壞人」，儘管他最後的確真的成為那樣的人了，但那就變成是「想證明自己並不是」，但採取錯誤方法證明的笨蛋。

但如他獻上食物和金錢，在一個杯盤狼藉的狀態之下，「是想要千」，這是包藏在餽贈手段背後的強迫交易，而將自我的界線，畫在了對方的身體上，或者靈魂，這就屬於一種冒犯。

從「保持自我的完整」到「將自我的界線畫到了對方的靈魂」，這其中的關鍵決定了一個人是否是值得被愛的，或值得原諒，值得被拯救，甚或，值得存在的人。

在神隱少女中，無臉男是邪惡的，也值得同情的，他最後變好了，作者把他交給了時間與河神的丸子－如同生病了吃藥就會好，時間久了，傷口也就不痛了一樣，依然不屬於真正的解答，在人們的現實生活中，多的是直接被吞噬的千尋，或者，回不去的無臉男，無臉男這麼一個醜陋的角色，卻受到了大眾的歡迎，因為他是人性的，那種怯懦的姿態與活在錯信之中，被同情的弱者反咬善良的人一口，人們對他感興趣，是因為他太像自己，是因為他成功地展現了一種卑微的惡，又成功地被原諒，令人理解了一種特殊的自由。

「我好像也是那樣」

雪球是雪做的，話語的背後，是自我的投射，那是佛洛伊德式的說溜嘴，話語本身並不只是話語而已，有些時候他們只是工具，當你說那個意思就只是那個意思，並沒有別的，噢，恐怕不會是這樣，你知道為什麼嗎？因為說的人說話必然會有聆聽的人，那麼，理解那個意思，就會是兩個人的任務，他如相信了你的意思，只想丟人，而不想被丟，丟的時候忽略了滿滿的自我亦隨之而去，只想著自己的想像，自己的世界觀，卻不去看那丟去的自我是否已氾濫成災，而有丟去，必有回來，有施與，必有返還，隱隱約約的造成了壓力，卻視而不見，忘了自己也有認領一份的責任，而由著對方徹底吸收，還一無所覺，主動施與了壓力，竟不准對方反彈，反彈了就是我的責任了，因為害怕負責，所以乾脆就讓對方背負全部的責任，到底有什麼資格讓自己一點責任也沒有？原本要負五分的責任，卻害怕自己要負十分，於是負了０分的責任，再用嘴巴說，自己負了十分。

在不該放玫瑰的地方，放上了玫瑰，在應該要被丟擲雪球的時候，成為一個無痛的好人，不想被討厭，又要釋放壓力，於是產生了奇妙的幻覺，那壓力不是壓力，是一種會讓人變好的正面力量，幫助你躲避危險；那壓力不是壓力，是你太弱小了，所以強大的我得替你做決定。

「而我不能自己做決定。」

每一句話就像陽光反射在雪地上，灼傷了自己的眼睛，我釋放的壓力不是壓力，是一種會讓人變好的正面力量，因為能幫助我逃離危險；我釋放的壓力不是壓力，是我太弱小了連承認那是我釋放的勇氣都沒有，所以你得變得強大，強大到一切都很美好，如一朵玫瑰花。

因為我不能自己做決定，所以我就決定了決定以後，應該是什麼樣子的決定，我很好，你也很好，我們不要用負面的感覺，去形容負面的情緒。

但是壓力的感覺仍是在的，那感覺令人討厭，我不能說那討厭的感覺令人討厭，亦不能說出那討厭的來源，那就是你，我說了，就好像我的錯一樣，因為你把它給變好了，壓力失去了可厭憎性，而壓力，本來就是令人厭憎的。

所以不要玩這個把戲。

你施放壓力，有你的理由，我可以接受，但不要讓我連討厭的理由都沒有，不要把壓力說成是好的，就算結果可能是好的，但是壓力本身是令人不悅的，不要犯了合成的謬誤，不要假裝好的結果，涵蓋了所有的過程，說他們全都是好的。

不要把你的決定算成是我們的決定，我們的決定簡化成我的決定，我的責任變多了，你的責任減少了，原本是你負我，變成了我負於你，你負我的時候，我可以反抗，也可以不反抗，我決定不反抗是我多做的，我決定反抗是我可以的，我過度反抗，侵害了你，這是你可以反抗的，你應該反抗的，不要為了害怕這個，所以讓我一點都不能反抗。

當變成了我負於你，我反抗你，變成我是低劣的，我不反抗你，成為了我的義務，我若過度反抗，便是置於惡中之惡，你可以有一副驚訝的表情，不解我為何會這麼生氣，但是，我完全有理由這麼生氣，我完全有動機，有可能會這麼生氣，因為這個過程，讓我這麼生氣，我本來可以不用這麼生氣，你懂那個意思嗎？這是最糟糕的選項，你錯信了我，而你再度製造了那種錯信，我被置於一個容易發怒的情況，當我發怒的時候，我會是野蠻的，我會是一個惡人。

你想要保護自己，而我也想要。

你不信任我。

人與人之間，應該少一點算計，什麼？你說你沒有那個意思，那麼就是非本意的算計了，任何壓力，都具有可厭憎性，不可厭憎的壓力，是一個奇怪的東西，是一種莫名，一種無以名狀，卻難以逃離的東西，那是什麼？那是充滿錯信的壓力，那不就是壓力嗎？壓的人更深了，將自己置於高處，而人，貶到了低處，不想要沾染一點髒污，那麼污穢就會流到了別處，總會有人去拾取它來。

人們對好人，總有種誤解，好人，並不是一種算式，一種結果，好人並不是完人，好人並不是永遠不會犯錯，相反的，他是知道自己錯誤的那一個，知道了自己可能會有犯錯的時候，知道了自己即將要犯錯了，然後去認領，屬於自己的那部份。

好人是清楚的，好人不會模糊不堪，大多數想當「好人」的人，多半看起來像個壞蛋。

俄羅斯人想幫大家剷雪，偷偷的對著雪鍬說，「接下我會把你給弄斷」

於是他替每戶人家都鏟了雪，斷掉的雪鍬，被遺忘在西伯利亞。

布里亞特人為他歡呼，卻不知道雪鍬上寫的是突厥的文字。

尼采在遠方高聲地笑著，

「嘿！那就是好人嗎？」

ｙｏ，ｂｒｏｔｈｅｒ，造個雪屋吧。

你是一個遍體麟傷的人，你比誰都需要保護自己－你的人生會經歷無數次恩將仇報，那會令你懷疑自己是不是真正的好人。

若你產生出了仇恨，並試圖壓抑住他。

那麼，你是的。

不要停止你對公平的想像，不用去懷疑正義－

不用去在乎，有沒有人造訪，

我們都知道你是溫柔的。

我們都知道，你是。

Chapter 6

尼采的名言

2017.08.04

如你要破壞一件事情，最刁鑽的辦法是，用歪理為這件事情辯護。

——尼采

尼采有句名言，如你要破壞一件事情，最刁鑽的辦法是，用歪理為這件事情辯護。

我們也可以這麼說，如果你要破壞一個人的權利，那麼就在他人的不幸中，去吶喊那個人的權利有多麼重要，相比那些不幸的人。

也就是說，我們在一個老太太跌倒的時候，強調身為男人的不幸，在一個婦女車禍的時候，怒罵為什麼只關心這個婦女，在一個小女孩被動以私刑時，我們去禁止其他人關懷她，或營造出那種感覺，並批判這樣的行為是偽善的。

如我們要以提升男性的權益為目標，那應該讓不幸的男人脫離不幸，而不是在不幸的女人身上，或在不幸的任何人身上，阻止使他們脫離不幸的想法，嘲笑同理他們的人，是愚昧的，並不公正。

這是混合的謬誤，就像救了一個南極溺水的人，指責他為何看不見阿拉斯加陷入雪中的因紐特人。

如此便會使南極溺水的人陷入不幸，因紐特人也不會因此得救，而這種歪理，正在針對著任何想救人的心，使其削弱，此即為不幸中的不幸，你知道的，當有人想救助因紐特人的時候，南極溺水的人也會被拿來如此使用。

「當某個人不能得救的時候，其他人也不准得救。」

這就是拿屍體套在頭上，爭取所謂的平等，但他的本質，就是讓所有人，陷入不幸，頭上的屍體被消費不幸，眼前溺水的人也遭遇不幸，那個人幸福嗎？我想那個人亦是不幸的，他被矇蔽，被欺騙，正在拿屍體來嬉戲，並以為是幸福的。

一個不幸的人，為何會想救助他？想憐憫他？因為他就在你眼前。

另一個不幸的人，為何不去幫助他？同情他？因為人的目光，是有限的，每個人都只能看到一定的視野，我們可以提醒他看的更多，而不是令他原本能看到也不能看到，原本能感受的也不可以感受。

如果有人看到了，而不去做任何事，不興起任何感到同情的想法，那麼，這是有問題的。

如果有人看到了，裝做沒看到，述說他看到了和眼前無關或者連結微弱的人，說你們應該救那個我想像中的人才對阿，那麼，他可能眼睛有問題，又或者，他已成為他討厭的那種人。

因為他當初應該是對那些視而不見的人而感到憤慨才對。

III 臺灣交響曲

總是要從那屋子裡走出來的
可以確定的是
他失去了他的島

他每晚拿著刀剖腹
將腸子梳理整齊
再塞回去

他咬著筆桿
纏上了布
血滲了出來 染了那一片慘白
但他不以為意
燭光閃爍
指尖的影子在牆上
婆娑起舞
今晚
又喃喃自語了起來

寫累了
就走到外頭去
砍柴
星光落在了他的額頭上
他已經看不出
他們的美麗

所有的東西都離他越來越遠
每一種搆不著的現實
都成為了他的負擔

他甩甩肩膀
汗從他的臂膀上流了下來
他砍得倦了

就坐在樹墩上
風乾了自己

泡上一壺茶
好好慰勞自己
今晚
也在這沒人的地方
品嘗自己的創傷

翻來覆去
終於在
每一個滲血的地方
都填滿了字

他撫著右上腹
迎來了早晨

開了門
踉蹌的跌在雪堆裡
他緊抓著地上的殘雪
卻發現
那其實是一朵朵
戴著露珠的花

毛茸茸的花瓣
淡黃色的蕊
晶瑩的露株
彷彿剛出生的嬰兒的微笑

一頭水鹿
走了過來
舔拭著他的眼睛

於是他終於明白
他還在自己的島

屬於自己的島
而自己也屬於祂

他以為已走了出去
卻從來沒有離開過祂

潺潺的水聲
不知名的鳥
窸窸窣窣

這玉山的血
正在流動

他任由水鹿在耳鬢邊磨蹭
剝開他的手指頭

風很涼
腦漿是暖的
現在他不痛了

他躺在融雪中
成為了春天

Chapter 7 對弈

2016.03.04

譬若弈棋，必求高手對弈。

希望反對黨亦發達，能至旗鼓相當而後已。

——梁啟超

２０１６年，國民黨選舉大敗後，黨內尋求改革，國民黨新生代所組成「草協聯盟」拋出「中國國民黨」改名成「國民黨」的議題，而被黨內保守勢力反對，其中台北市議員表示「改名並不是目前國民黨改革中最重要的事」，她舉例，「如果今天她把『王鴻薇』的名字改成『蔡英文』的話，那５２０那天就職的人就會變成她嗎？」。

ｙｏ，ｂｒｏｔｈｅｒ，是正名，不是改名。

子曰：「名不正，則言不順；言不順則事不成」

這是子路向孔子詢問的，孔子答「正名」，被子路嗆迂腐，孔子如此辯駁他，名，並非人名，而是意義，任何團體或有志之士，做一件事情，必須尋找他的意義，找到這個意義，才能說服其他人，感召人民，尋求認同和支持。

正名，是正團體的名，王鴻薇把它類比成一個人的名字，實屬不當替換，團體的名字和人的名字是不同的，證據就在於，即使王鴻薇把內涵給改了，學蔡英文的個性，擁有她的知識，甚至加入民進黨，注入了她的ＤＮＡ，王鴻薇都不會成為蔡英文。

因為王鴻薇是特別的。

ｅｖｅｒｙｏｎｅ都是獨立的個體，而團體是由個體所聚集起來的最大公約數，人是會改變的，小女孩長大，胸部也會變大，小女孩依舊屬於小女孩自己，並沒有改名的必要，名字代表的是個體，而不是她身上的屬性。

但是團體屬於每一個人，也和串聯起來的屬性相關，如果有一個團體叫做小女孩，是由８歲小女孩組成的，但過了３０年，她們都３８了，團體的名稱還叫做小女孩，那就顯得奇怪了。

因此正名，並不是改名這麼簡單，而是找個「適合我們的名字」，就像吊在螞蟻前頭的甜露，它可以往從前找，也可以創造新的，或把未來的願景填上去，它的目的唯有一個，就是讓螞蟻動起來。

改成別人的名字是不入流的做法，像是盜版一樣，如把團體跟個人混在一起，當別人說ｏｎｅ　ｐｉｅｃｅ別叫做一大塊了，妳卻答難道改成火影忍者會比較好嗎？無論何者，都是概念的混淆，這是鴻薇的五十道陰影。

國民黨，是中國國民黨最初的名字，也是民國元年的一個政黨。

而且是在野的。

那時的總統叫袁世凱，副總統叫做黎元洪，秘書長叫做梁士詒，各黨各派如春筍般林立，有共和黨、民主黨、統一黨，國民黨是由宋教仁籌組的，孫文、黃興為理事，孫文又為理事長，但實際上由代理理事長的宋教仁掌實權。

國民黨曾在國會拿下２６９個席次，共和黨１２０個席次，統一黨１８個席次，而至於飲冰室主人梁啟超的民主黨，則只有１６個席次。

別懷疑，這是民主選舉的，雖然他只佔總人口的１０％，排除了婦女，而且是在口水和金錢紛飛之下所進行的，但它仍有劃時代的意義，是中華民國的第一次國會民主選舉，且包含了蒙古、西藏，都有選出自己的國會議員。

值得一提的是，要選出來的議員數為５９６人，其他黨派、跨黨派亦有１７３席，所以國民黨實質上並沒有過半，是為第一大在野黨。

在中國，國民黨成為最大黨後，宋教仁帶著這個成果前往北京，準備實行政黨政治，但這隻候鳥阿，隨即在上海車站被射了下來，墜落，染紅了一整片秋海棠。

這一槍，宣告了中國民主寧靜的結束。

孫文發起了二次革命，宣稱這是為宋教仁復仇，南方各省響應獨立，但不久又取消，在實力不足的情況下，倒袁派的軍隊相繼被擁袁派的打倒，這反映了一個現實，推翻滿清的力量，並不只是一人一黨，孫文無法服眾，不管倒袁或擁袁，甚至袁世凱本人，廣義來說，皆是革命者，這是革命者的內戰。

這些「革命者們」的分裂，有各種複雜的原因，一言以蔽之，就是相對剝奪感，每個人都認為自己被剝奪些什麼，理應得到些什麼。有人嘴說著革命的精神，但實際上，卻不在一線，例如孫文和孫武，武昌起義時孫文人在海外，孫武則是被自己做的火藥炸了，躲藏起來；有些人是硬被推上一線，例如原本是清朝新軍的黎元洪，他原本躲在家裡不依，卻被以性命要脅而出來做了領袖，因此跟張振武結下宿怨；有些人原本就是是清兵、清官，不屬於革命黨人，卻與之合作，產生決定性的成果，例如袁世凱，以及開革命第一槍的，程定國。

而真正使革命開花結果的，是獨立。

中國各省的獨立，使得清朝就算打了一場又一場的勝仗，仍然挽不回頹勢，十八個省份十五個宣布獨立，脫離清朝的統治，這其中包含了新疆，真相是武昌起義的確靠近了革命成功的光譜，但其後清廷並沒有結束，仍然在與革命黨人對抗，其後灤州起義、天津起義都是失敗的例子。

各省獨立的掌權團體，多半是諮議局，諮議局是具有民意基礎的，而且大多是立憲派，是課本經常被略過的－自強、維新運動過後的立憲運動，在其顯著影響後，由清朝舉辦的選舉產生，沒錯，在武裝、暗殺的革命以外，曾經有股溫和又激進的力量，在腐朽的土地上，企圖不用血來灌溉，而使民主萌芽。

他們是體制內的抗爭者，提倡君主立憲，並發起國會請願運動，要求推行憲法以及責任內閣制，儘管在一次又一次的請願過程，被革命黨人煸笑、收割，但是他們前仆後繼，且始終如一。

立憲的過程甚至還爆發了學運，為了要求召開國會，許多學生紛紛罷課抗議，受到壓力的清廷不得不承諾國會，且一再的退讓。

諮議局的強大，宛若一個地方議會，而且他具有實質的功能，可以審預算和監督督撫，而這樣一個機構所發起的請願運動，就像獅子翻身一樣，原本該是跳蚤的將軍、督撫，都成了獅子的棕毛，聯名上奏摺傳遞人民的請求，上了一次還不夠，連上了三次，但正準備要上清廷第四次的時候，清廷腦怒，不再給肛，鎮壓了第四次的射出，並且搞了皇族內閣自肛，立憲派於是大失所望。

立憲派之所以如此堅挺，是因為背後有一個專發廢文的梁啟超，傳說中的飲冰室主人，當清廷面對制憲的浪潮，推說我們中國沒看過憲法這麼新的東西，啟超於是直接參考日本寫了一部欽定憲法大綱，裡頭的「大清帝國，萬世一系，永永尊戴」和「附臣民權利義務，其細目當於憲法起草時酌定。」都令皇、民雙方，皆感滿意，當清廷責備國會的請願「人民程度不及」啟超立即寫了十萬字《中國國會制度私議》，教大家怎麼搞國會，眾議員和社團在啟超的廢文下紛紛跟進，使清廷大感困窘，一陣唇槍舌戰之際，抵不住廢文攻勢的清廷，又以革命黨再亂阿，而且國家又沒錢，九年後我一定會開國會，不准再請願了，等理由阻之，啟超隨即振筆疾書《論政府阻撓國會之非》，把清廷的肚子越搞越大，最後，搞出了資政院，這個預備國會的誕生。

但這孩子生了，沒人會養，啟超又寫了《論資政院之天職》等撫養手冊，使資政院得以運作。啟超本身就像一個廢文的寶庫，讓諮議局立憲派一干人等，取之不盡，用之不竭，如果說宋教仁是民國的候鳥，那麼梁啟超可說是清廷的曇花了，而且他媽的開超久。

而立憲派是稻草也是火繩，武昌起義的始源，四川保路運動，即是由四川諮議局發起的，他們原意是反對鐵路國有，和平非暴力的行動，卻被清廷殺死了３０餘人，而革命黨人有計畫的運用這起運動，他們先是「離間官民」而後「暴動於省城之中」接著收割「組織革命軍」，然後趁清廷大軍攻入四川的時候，在空虛的湖北發動武昌起義。

在此之後四川獨立，成立了大漢四川軍政府，宛若三國演義的再現。

這些各自獨立的省份，以及糾結在其中的革命黨人，革命之前，互相芥蒂，革命之中，彼此暗殺，革命之後，自然要內鬥不止了，有囂張跋扈的孫武被「倒孫」，有奪人民報的孫文被章太炎檢舉，黎元洪用計殺了張振武，堂堂一個開國元勳被總統和副總統動用私刑儘管國會彈劾，但最終不了了之，至於自比為公的蔣介石，當時也不過是陳其美手下的一枚殺手而已，光復會的陶成章指責孫文貪污，拋棄同志不顧，陳其美就叫蔣介石殺了他。

而程定國的下場更是撕破了課本虛偽的篇章，在革命中開第一槍的他，死在二次革命中國民黨的手裡，這是民國這攤變了色的江水，無法被撈起的秘密。

孫文的二次革命失敗，但是國會並沒有結束，國民黨質變成中華革命黨，而後改成中國國民黨，沉浸在民族的螺旋之中，成為一個列寧式的政黨，列寧式政黨的概念，即使以黨領政，以黨領軍的黨國體制，並以「少數革命精英」「多數人對其絕對服從」，而這樣的政黨最致命之處，就是布爾什維克，也就是俄共的成分，我會稱之為洗腦以及意識審查，即是史達林口中「意識形態１００％的純潔性」和消除中產階級「不健康情緒」，定義了情緒的健康和不健康，思想的正確和不正確，埋下了災禍的種子。

審查不能被審查的東西，等於把一個人切去耳朵鼻子，使其平滑，成為工具，但這樣的團體卻又因恐懼而短暫的產生了向心力，也成為權力者甜美的毒果實，他是沒有道德的，因道德的定義掌握在少數精英手中，悖離了初衷，其本質就是王權和君權，到頭來，使得國民黨、共產黨成為了他們反對中的那種人。

「國共本一家」並非空穴來風，俄國的十月革命震盪了中國人，幾乎成為當時知識青年的主流，國共可以說是孫文麾下的左派跟右派，這兩者，本來就是同一個政黨。

中國國民黨。

但留在北方的國民黨可不是如此。

回到曇花和候鳥之爭，飲冰室主人聯合了民主、共和兩黨，準備和國民黨一較高下，但選舉結果出來，卻敗給了宋，這使得啟超後悔不已，早知道不要回國從政了，繼續在神戶ｋｏｂｅ廢文就好，宋被刺後，啟超一度被懷疑是兇手，因為啟超所屬的立憲派是國民黨的政敵，其實廣義來說，宋教仁和啟超都是議會迷，根本是同道中人，就算身處在割裂的政黨，但都倡議相同的東西－

「譬若弈棋，必求高手對弈。」
「希望反對黨亦發達，能至旗鼓相當而後已。」

啟超ｓａｙ，

「故政黨對於他黨，必須有優容之氣量。」

教仁答，

「所以我們此時要致力於選舉運動。選舉之競爭，是公開的、光明正大的。」

「你上臺執政，我願在野相助；否則我當政，請你善意監督。」

這兩人就像Ｓａｉ和Ｔｏｙａ　Ｋｏｙｏ，在同樣的時間裡，不同的空間中，追求憲政的神乎其技。

教仁在棋盤上吐血而死後，啟超下了一個尖，將統一黨、民主黨、共和黨，合併成一個進步黨，繼續朝國民黨的圈地步步逼進，但是他的對手已經不在棋盤上了，而是整個棋盤－－黑白兩子在對抗中延續了國會的運轉，而旁邊一個觀棋的人卻企圖打翻他們。

啟超一面看著局中，一面看著局外，他犯的最大錯誤，大概就是第一手下天元，他擁護袁世凱，並天真的認為可以教育他，他一面下棋給袁世凱看，解釋議會和政黨政治的奧妙，但對袁世凱來說，國會只不過是抑制他權力的機構而已，至於政黨，只是個工具。

棋局不能只靠氣魄，他聯合官僚，卻無法阻止自己黨內逐漸充滿僚氣，啟超看似佔了很重要的位置，財政、司法、教育、農工商，甚至連總理都是進步黨人，但對袁的善意變成事事妥協，下天元是為了引征，擁袁是為了促其邁向憲政，但人家只在邊角和你纏鬥，當袁組了公民黨這個御用政黨，進步黨和國民黨就成了被圍殺的對象，縱使其後有民憲黨（進步黨和國民黨聯合成立的組織）但也無濟於事。

至於啟超後續叫他學生獨立，興兵討袁，引發護國戰爭，又是另一段故事了。

進步黨和國民黨留下的最大遺產即是「天壇憲草」，它具有劃時代的意義，當不同黨派騎著馬前往天壇，他們又是由人民選出，就和後續一黨專政的中國國民黨以及扼殺人權的中國共產黨有所區隔，它是一個ＢＵＧ，它不是一個人說了算，也不是一群白痴說了算，如果袁世凱接受了這部憲法，或在其制衡方面做若干的修正，那麼現在的中國或許就會是類似法國那樣的民主國家，並且保有自己的人權和責任內閣。

討論憲法的過程，極富有民主的意向，可以從「孔孟是否成為國教入憲」來看出，不同政黨之間磋商和論辯，當進步黨的汪榮寶說「孔教之尊乃兩千年來歷史上之事實，並非自我輩主張定孔教為國教也。」國民黨的伍朝樞立即反駁「本席以為國教者，與共和國體有抵觸者也。試觀美國 ....」最後舉行投票，在宗教自由這一章下去掉了兩千年的孔孟。

對照我國之中國國民黨，其他委員不過提了停止向國父遺像鞠躬的修正案，中國國民黨一干人等即搥胸頓足，抓心吶喊，大叫「不准提，提了就是拆了祖宗牌位！」所受之封建思想、黨國毒害之深，不覺令人莞爾，比之百年前的人還不如，更能知道現在的中國國民黨是如何背離國民黨的初衷。

但歷史沒有如果，神父看著啟超的廢文，不禁深深嘆了口氣，滑鼠從他禿頭的照片，移到了下面林徽音的照片，準備脫下褲子。

「你想對我的媳婦幹什麼？」

啟超的禿頭突然閃亮起來，從ｊｐｇ變成ｇｉｆ，抿著的嘴唇巍巍抽動。

「汝是何人？何以敗德至此？」

「這位ｂｒｏｔｈｅｒ不要激動。」

神父對著ｇｉｆ說，

「我並沒有對你的媳婦做邪惡的事。」

「怎麼會沒有？你剛剛明明對著這張照片……」

他指指他下面的林徽音，

「嚴格來說，這不是你媳婦。」

「這是你媳婦１４歲的照片，你媳婦１４歲的時候，並不是你媳婦。」

神父悄悄的穿上褲子，冷靜的回答。

「你這麼說似乎有道理……」

「不過好像哪裡不太對勁。」

他皺起眉頭，神父心想，你這死人突然說話才真的是不對勁呢。

「對了，看你的樣子，你是中國人嗎？」

「我看起來像中國人嗎？」

「那你是什麼人？」

「天然的臺灣人。」

啟超「喔」了一聲，眼睛一亮，

「我有去過臺灣，那裡很先進。」

「你們的建築很洋派，是我們中國沒有的，特別是磚紅的牆還有頂上的四葉紋，真是美極了。」

「我將來也想叫我兒子學建築。」

照片中的他轉身，往後走了幾步，雙手交疊在西裝背後，緩緩吟道，

「郎行贈妾猩猩木，妾贈郎行胡蝶蘭。猩紅血淚有時盡，蝶翅低垂那得乾。」

他搖晃著腦袋，顯得十分文青。

「對了，兄臺，我問你一件事。」

「中國，民主了沒？」

「還沒。」

「哎……」

他低下頭，

「不過臺灣已經民主了。」

「什麼！」

他大吃一驚，一蹦一跳的又跑了回來，額頭佔了整個螢幕，

「為何小小島國竟能民主，而我泱泱大國，支那竟不行呢？」

「因為你們沒有民進黨ㄅ。」

神父說，

「我國可是有進步黨！」

他大聲駁斥，

「不過好像流質易變。」

他低下了頭，神父看他一喜一憂的樣子，不覺得十分有趣，

「你們國家叫什麼名字？」

「呃，現在叫做中華民國。」

「中華民國！那不是跟我國家一樣嗎？」

啟超瞪大了眼睛，似乎不敢相信，

「難道中華民國跑到臺灣去了嗎！」

「讓我看看你們的國旗！」

神父無奈，只好點了一個青天白日滿地紅的網址。

「這 ... 這不是海軍旗嗎？」

「難道你是國民黨人？」

「不是，我是臺灣人。」

「我們的國旗是五色旗才對，但是你們又叫中華民國，你們用我國國號，又用國民黨人的旗子，這是怎麼回事？」

他寬大的額頭上擠出了各種疑惑，神父心情頓時有些複雜。

「說來話長阿，ｂｒｏｔｈｅｒ。」

「臺灣以後會獨立吧。」

「什麼？獨立不好呀！」

「大家都是自己人，何不攜手一同為民主奮鬥？」

神父微笑了一下，

「啟超，那天你在日本見到了林獻堂，他問祖國能不能協助臺灣，你答他什麼？」

他撫了撫額頭，好半天才回答，

「追求愛爾蘭那樣的自治。」

「是了，我認為你說的沒錯。」

「在體制內非武力的抗爭，進而取得參政權，不過，到了現在，有些許不同。」

「是哪裡不同？」

「我們的對象並不是軍隊和特務了，而是其他人。」

「你的意思是 ....」

「在民主國家，政治必須全民參與，而且容納『異見』。」

「沒錯，根據杜威先生的說法，他強調因特內巨思。」

「那是三小？」

「什麼？你竟然不知道因特內巨思？身為一個現代人。」

他假裝露出詫異的眼神，

「你說的是ｉｎｔｅｌｌｉｇｅｎｃｅ，理智吧？」

「每個人的異見，基本上都只是種主見，主見必須經過誠懇的敘述和激烈的充滿，行成『共識』，為大家所接受。」

「沒錯，但我聽你說話的口氣，倒是跟只會抱上帝大腿的杜威先生滿像的。」

「你似乎對他頗為不滿阿。」

「我以前去看他演講，結果他大叫曾經被上帝治好病的人站起來，這讓我覺得他說的跟他做的不太一樣。」

「這樣阿。」

「繼續說吧，兄臺。」

「每個人的異見，都是不同的，必然有衝突的一面，在彼此質疑、批判的過程中，知道自己的不足，可以放棄，可以修正，排除了偏見、成見、下見，得到的就是理智，也就是你所謂的因特內巨思。」

「兄臺，你覺得我的意見是下見嗎？」

「非也。」

「意見之中，除了下見之外，更有許多存而不論之處。」

「意思是，共識、異見、下見之外的東西嗎？」

「是的，那種並非無道理，但無法被認同，卻不會對任何人產生危害，卻可以退而欣賞的東西。」

「原來如此，但你為何無法認同我的異見呢？」

「你說『大家都是自己人，一起為民主努力』，但現實上是，如今的中國和臺灣，早已十分不同了，中國仍是一個獨裁而不自由的國家，而且中國人大多數都是接受的。」

「他們不接受的，是臺灣這種異見，而且連存而不論，都無法接受，他們把被壓迫，當成是一種共識，忍受壓迫，成為一種美德，他們強制要別人接受他們的下見，而沒有經過別人的同意，這難道不是一種不理智嗎？」

「怎麼可能，我們中國人才不是這樣的人！」

「很遺憾的，大多數都是如此。」

「當你說『自己人』必定包含了『自己』，如果他們連自己都無法知道是自己，別人的『自己』，也不願意承認，那麼，要如何一起為民主努力呢？」

「可是，我並不認為臺灣獨立了，中國的民主就會實現。」

「恰恰相反，如果臺灣獨立了，中國就很有可能民主。」

「此話怎講？」

「獨立，就是強調『自己』的存在，如果中國人看到別人的『自己』存在，才能去誘使他們發現『自己』的存在。」

「當確認了彼此的自己之後，才有可能發出『異見』，成為『共識』，讓自己『理智』。」

「你的意思是，中國人也需要獨立嗎？」

「沒錯，中國人必須從國共的歷史中獨立，從老舊的民族中獨立，當確認了每一個個體，不管是大或是小，才能得到自由，並且追求共識。」

「不行，我還是覺得，我們都是中華民族……」

他面有難色，就好像第一次吃到了臺灣的臭豆腐，舌尖與鼻子所嗅聞的氣味，無法配合起來。

「ｂｒｏｔｈｅｒ，所謂中華民族，」

「不過是一種想像罷了。」

「你應該知道它來自哪裡。」

神父指著他的鼻子，

「就是你，啟超。」

「嗄？」

他心中的瓣膜，似乎被分開了。

「是你發廢文的時候寫出來的，當時你在想什麼呢？」

「這……」

他頓了一下，

「我只是在想，一個異見罷了。」

神父將雙手交疊，放置在鼻尖下面，

「那麼，我有更好的見解。」

「那就是臺灣、臺灣人、臺灣民族，」

「臺灣民主。」

他坐回他的太師椅上，喟然而嘆。

神父看了那個樣子，很是同情，搜尋了一下，將另外兩個ｇｉｆ移到他旁邊，一個是戴著眼鏡的年輕人，另一個是坐在玉山上的老人，老人拍拍他的肩膀，年輕人和他熱烈的，討論了起來。

他們可能會產生什麼共識吧，不過我已經聽不見他們的聲音了。

我們都是異見者，ｂｒｏｔｈｅｒ，在這塊土地上天然的誕生。

有愛的地方必有美，

有異見必然伴隨著理智。

這是個新時代，而我們得向過去ｓａｙ　ｇｏｏｄ　ｂｙｅ。

ｇｏｏｄ　ｂｙｅ的來源是ｇｏｄ　ｂｌｅｓｓ　ｙｏｕ。

然後ｇｏｄ　ｂｙｅ了，ｇｏｏｄ來了。

握手，告別，然後追求自己的幸福吧，

ｔｏｍｏｙｏ。

Chapter 8
杜宇與杜鵑

2016.03.24

一般人抱持錯誤認知的原因在於「這是根據他們自身經驗的必然選擇」，這個選擇並非源自不理性，而是源自理性的漏洞。

——Robert Merton

「為什麼臺灣學生要學中國歷史？」

ｙｏ，ｂｒｏｔｈｅｒ，聽過杜鵑嗎？

當我說杜鵑的時候，她可能是一朵朱色的花，也能是一隻「布穀、布穀」叫著的鳥，這世上鮮有兩個東西名字是完全一樣的，而本質卻完全不同，但在這裡，它發生了。

一定是有人莫名的將她們串在一起吧，但，那個人，是誰呢？

他是故事裡的人，叫做杜宇，他是一位國王，教導他的子民如何耕種，人民非常喜愛他，杜宇的妻子叫做「利」，是從水井中爬出來的，杜宇初時見到她時，十分驚嚇，但久了就習慣了。兩人的結合讓國家更加強盛，但，好景不長，他們的國家淹了大水。

杜宇看到好不容易栽種起來的莊稼，成為了一片汪洋，內心好不悲傷，人民也因為缺乏糧食，而變得面黃肌瘦。

「若誰能治水，便將王位讓給他。」

他在心裡暗自下了這個決定，就在這個ｍｏｍｅｎｔ，王宮裡傳來了一個奇異的消息。

「國王阿！國王阿！有個人從水裡漂了下來！」

杜宇大吃一驚，連忙前往觀看，氾濫的河水依舊，不過眼前的景象更令人怵目驚心，只見那個人，從水的低處緩緩的漂向高處，連鮭魚和蔣公，都沒那麼厲害，杜宇趕緊命人將那個人給撈上來。

「你好，我叫鱉靈。」

杜宇詢問他是否會治水，

「都叫鱉了，當然會。」

鱉靈指著遠處的玉壘山說，

「只要把它打通，水就像馬桶一樣，自然會被沖走。」

於是鱉靈率領著人民打通了山，水患不久就解除，杜宇夢寐以求的田地又露了出來。他非常高興，但又擔憂水又不知何時會淹起。

「不如這樣，讓我將王位讓給你吧。」

「不不，這怎麼行呢？你才是這個國家的皇帝。」

鱉靈一再推辭，但杜宇執意要這麼做，鱉靈沒有辦法，嘆了一口氣，告訴他實情。

「其實我本是水神，因為看你是個好國王，所以才來幫忙的，現在水治好了，我也該漂走了。」

杜宇眼看勸不了鱉靈，但心裡打定了主意，於是在一個晚上，他悄悄的離開了王宮。

天一亮，人民發現自己的國王不見了，就焦急的到處尋找，他們找了許久，終於在一棵樹下發現他，但他們的國王已經死了，為了將王位讓給鱉靈，杜宇走到了這個國家的邊境，最後餓死在這裡。

杜宇死了以後，人們非常的傷心，傷心到都忘了耕種，就在這個ｍｏｍｅｎｔ，突然出現了一種從來沒有看過的鳥，他一邊飛，一邊發出叫聲，

「布穀！布穀！」

人們覺得奇怪，但沒有人理會他，這隻鳥從早叫到晚，都是同樣的聲音，

「布穀！布穀！」

他像是在催促著什麼，也像是在表達什麼，那哽咽的聲音，傳遍了整個國家，他一邊叫，一邊從嘴喙邊噴出了血，血流在花上，終於使人們意會過來，

「是杜宇國王！他來提醒我們要下田了！」

於是乎，這隻鳥就被叫做杜鵑，而那朵沾了血的花，也被喚做杜鵑。

ｙｏ，ｂｒｏｔｈｅｒ，這是一個滿不合邏輯的故事，也違反了人性，但你知道嗎？

這個杜宇王，是真實存在的。

「七國稱王，杜宇稱帝。」

在中國的四川，曾經有一個「古蜀」王國，他與西周遙遙相望，當時的中國，是西周的天子所在的地方。

後來周朝分裂成數個國家，每個國家都稱王，但表面上仍尊周天子為正統，周國，此時已經是一個小國了，但古蜀與他們無關，當他們在尊王攘夷的時候，杜宇已經稱帝了。

唐堯虞舜夏商周，中國歷史一直不包含古蜀，這也難怪了，當你看到代表古蜀的三星堆，你就會知道答案。

無論是眼睛凸出來的人：

戴著黃金面具：

輝舞著巨人般的手臂：

他們的文字，巴蜀圖語，至今無人能曉。

雖然西漢的「蜀王本紀」說他們「不曉文字，未有禮樂」，但很明顯，並不是這樣，這像蝌蚪般的文字，有可能比甲骨文更早，甲骨文中有個蜀字，甲骨文之前，必定還有會寫字的人。

他們的神秘，類似馬雅，有人說，他們是外星人製造的文明，你一定得看看他們的樹，上頭有鳥，綴滿果實。

也難怪他們會這麼說了，因為在中國各種雕塑裡，你絕對不會看到這個東西。

因此中國的攝影師在為外國人介紹三星堆的玉器時，才把脫口而出「中國的……」給收了回去。

那麼「中國歷史」又是個什麼樣的概念？

那是一群史學家，不停的在尋找一種「傳說的王朝」，偏離了這個王朝系譜的行星，都會給一筆消去，這個王朝是很牽強的，而且處處充滿矛盾——

當蒙古人入侵了中原，元，就是這個歷史的主軸了，但當明朝興起，元朝被打到了北邊，就被改名字叫北元，元、明事實上並列，但卻好似只剩下一個朝代般。

而後金人入關，清國，就成為中國了，中國歷史是一個弔詭的概念，它看來很大，其實很小；如我們說它是多元的，五族共和，但在中國歷史裡面，這些族本身的歷史幾乎沒有存在的空間，但若說它小，又並不小，從一小塊西周衍伸出來的歷史，又必須概括所有的族群，四川也好，胡人也罷，都必須供奉這傳說的王朝系譜，因為在某些時刻，特別是當他們被認為是發光發熱的勝利者時，他就會是中國的。

因此中國歷史，可以說是一種農藥，它讓每一處田地欣欣向榮，但也讓每一株農作靜若死寂，我們看到那欣欣向榮的部分，會難以割捨，但我們看到靜若死寂之處，會覺得啞口無言，正如黑格爾所說，

在中國的歷史裡，只有一個人是自由的。

這個人創造歷史，實現理性的狡計，也就是交代歷史讓他去完成的事，然後背負著自己任性、衝突的黑鍋，到頭來，這都是必然的，任何君王、朝代、民族、旁支史，都必須被犧牲，而只為了完成歷史。

這樣的思維必然會產生理性恨（Ｍｉｓｏｌｏｇｉｅ），這樣憎恨理性的方式有兩種，其一，就是對於那些自然發展的人，為什麼不遵循歷史的軌跡，為什麼不依從理性來行事，在這種框架下面，個人的熱情和感性，應該是被犧牲的存在才是，他們沒辦法解釋那些超出理性範圍的事，因此採取的做法就是，一個接著一個，歸納到「中國」的版圖裡。

例如，臺灣就是這樣一個鮮明的例子，面對大國的恐慌，小國應該服從強權，人民應該信仰權威，個人應該為了國家犧牲大部分的自由，為了利益而獻上自主「顧全大局」他們無法解釋這樣的不理性，並且忌妒他，最直接的方式，把臺灣的歷史，歸納到中國的歷史當中。

其二就是對歷史的懷疑，也就是理性的不滿足，明明就已經照著歷史的脈絡行走，但是歷史終究無法給出完美的答案，封建之後仍有許多散落的畸零地，然後這些例外成為了縣使其瓦解，所以孔子緬懷周朝的制度和禮法，日本的儒學者提出了「華夷變態」，認為清的統治下，中國已經變態了，夷取代了華，明代的衣冠在戲台子上，戲台下的人則留辮子，「唐魯才保南隅，韃虜橫行中原，是華變於夷之態也。」

因此他們發動了甲午戰爭，

「夫貴國民族之與我日本民族同種、同文、同倫理，有偕榮之誼，不有與仇之情也……以逐滿清氏於境外，起真豪傑於草莽而以託大業，然後革稗政，除民害，去虛文而從孔孟政教之旨，務核實而復三代帝王之治。」

這些理性和這些恨，使他們不斷的撥亂反正，採取的方式正是歷史交代他們的「一人之英雄，眾人成狗熊」或者「勝利者為鬼雄，失敗者是大雄」

事實上，他們都是不理性的，服膺的歷史，是不自由的。

所謂華夏，不過就是一地碎散的欠片；所謂中國歷史，就是把這些欠片隨意組成的雷龍頭骨。

而中國可以被原諒的地方，那就是中國其實並不存在。

我們喊了「杜鵑」以後，可能會有三種東西會回頭，杜鵑鳥、杜鵑花、杜宇的幽魂跟你ｓａｙ「ｈｉ」，但事實上，可能什麼回應也沒有，杜鵑鳥飛走了，杜鵑花依舊盛開，而杜宇會跟你說我是杜宇阿，我們喊著杜鵑其實是種方便，他們三個都是不同的存在，杜鵑的意義，就像夜晚看著天上的星座。

如果把動物都當作杜鵑，植物都當作杜鵑，所有人都變成杜鵑，你是杜鵑，我是杜鵑，這是一種無知，而且會形成傲慢，往往在無意間傷害了別人，自己還不曉得為什麼，彷彿停留在前運思期的小嬰孩。

歷史就是借鏡，鏡子有多大，多近，多遠，都不會改變現在的自己，鏡子的功能就是替自己上妝，修整成更美的模樣，或擠痘痘。

而不是替鏡子上妝，或想辦法鑽入鏡子，成為鏡子裡的人。

如今我們已有兩面鏡子，就算其中一面是模糊的，也有其用處，誠如同這面鏡子告訴你的。

我的背後有人聲，我的面貌並不光滑；我有許多碎片遺留在別處，有一些組成了我。

但我仍是歷史。

如果可以的話，請替我找回自由。

莊生曉夢迷蝴蝶，望帝春心託杜鵑。

我想這就是我們學它的原因了，ｔｏｍｏｙｏ。

Chapter 9
消失的米

2017.04.21

那曾是生命嗎？好吧！讓我們再來一次！

——尼采　《查拉圖斯特拉如是說》

２０１７年4月２１日，新黨黨員侯漢廷在臉書上發表「陳儀真的運米赴陸嗎？」附帶他上中天電視（現已消失）的談話內容，被轉錄至ｐｔｔ八卦版（Ｇｏｓｓｉｐｉｎｇ）引起相關討論，他在節目上引經據典，大意是「陳儀沒有將臺灣的米糧送至大陸，１９４５年因天災和美軍轟炸，臺灣米糧本就缺乏，肥料工廠殘破不堪，農村人口被徵調參加侵華戰爭，農產品被日本當局強制收購，等於搜刮，所以農民對增產米穀失去興趣，才出現米荒。」又提到「萬華當時有堆的高高牛肉、雞肉在販售，全因日人放棄管制，導致民間大量消費，全台三分之一耕牛都被屠宰」，把二二八事件發生的原因之一，米價高漲，歸咎給日本，而元凶陳儀反而是積極解決糧荒的人。

ｙｏ，ｂｒｏｔｈｅｒ，不要被騙了。

找一個稻草人，再用另一個紙人打破他，紙人撕開來是什麼？亦是假的。以假亂真，填真賣假，這就是黨國擦脂抹粉的方式，既然要說米，就要知米價阿。

１９４５年，國民政府接收之際，日本的確掌握到臺灣面臨了糧荒，陳儀也確實下令要解決糧荒，這兩者之間，有一段重要的空白被遺漏了，那就是日本，並不是放棄物資管制，相反的，他們正是提出物資管制的那一個。

根據「臺灣總督府農商局食糧部移交清冊」，日本提出的建議有三，其一，政府不歸還農民收購的米，除農會外，農民不得要求私下買賣米。其二，要求第一線米穀管制的警察和官員繼續維持勤務，其三，盡可能維持原來的米價和物價。

當時中日交接的任務，美國也參與其中，在農林會議上，日本一再提出米穀管制的重要性，老美一聽到糧荒，嚇了一跳，原本以臺灣糧食充足，所以希望日軍延後遣返，因為日本本土也有糧食不足的問題。若台人有糧荒，則日本軍滯留可能會引發暴動，除了日本說臺灣糧食不足情況，長官公署也希望日本趕快滾，於是１６萬的軍隊，２５萬的日本人，移出，而中國軍隊３萬人移入，實際上，人口結構有所變更，代表吃米的人變少了，糧食不足並無更加惡化。

中美日三方都知道１９４６年將面臨糧食不足的問題，而１９４５年１０月接收的長官公署，第一道發布的農字命令，即是米穀管制。

１９４５年8月，在米穀管制的運作下，糧食大致上是穩定的，但是收穫不足，無論如何都是個問題，１９４６年如繼續實行管制，則可以撐過，米穀管制是需要一定的專業度方能辦到，日本晨間劇經常演出這樣的情景，衣裝襤褸的少女跟著大家排隊，好不容易領到了一包白米，卻跑著跑著跌倒了灑出來，這時，一個像是西島秀俊的傢伙就會從角落裡出現，幫忙一起撿，然後微笑著說「我分你你一點吧」。

米穀管制和搶米不同，管制前，需要配發種子和肥料，然後經過精密的丈量，種田時，紀錄一次，收成前，再確認一次，在征購與配售之間，避免有人少繳或多拿，或覺得政府不公平中飽私囊，這是戰時許多國家撐過糧食不足的臨時辦法，開源節流，很像年金改革吧？原理差不多。

但是黨國嫌麻煩，不調查也不計算，更不發肥料，直接要求成果，實行劣版的米穀管制於是所謂食米配給，儘管收購價格提高，但人民所得更低，與市價差距更大，既然徵收有困難，黨工們就問大家「不要配給好不好哇？」理所當然，討厭這個制度的農民，就投下了反對票，不過其他消費者如工商學生則希望進行配給。

於是乎，米穀管制就被廢除了，政府也不用管這複雜的作業，直接讓大家自由買賣，你說，這不是好事嗎？所謂的自由經濟，但別忘了，糧食不足的問題依舊存在，而更可怕的是，物價。

１９４５年8月，米價尚在４３．７３台幣，１０月接收時，是４４．２６，而１９４６年1月，所謂米穀管制廢除時，米價來到８８．４台幣，2月，１７１．４２台幣。

米價提升，房租飛漲，柴米油鹽醬醋茶，只剩下柴沒漲，這個廢柴政府，才是真正放棄管制的元兇，也是造成糧荒問題的直接因子，事實上，即使米穀自由化也不可能漲如此之凶，問題在於，徵收不順利的時候，還是有收到，準備配給的時候，卻辦了不用配給的投票，投票辦完了，制度廢除，農民歡喜，那麼，米到哪去了呢？

「封存」

這就是國黨政府其中的奧妙了，一手摸奶，一嘴念經，原本要配給大家的米，以作為軍用為理由，封存了大概１１萬噸，這麼說吧，島上外來人口不過三萬多人，當中的駐軍兩萬多，一年份的糧食８千噸足矣，這個數字代表著，一個軍人比起百姓，一天要多吃１４碗飯。

不只封存，還公然搶米，陳儀的首席交響樂團指揮，喔不，是少將，蔡繼琨，帶兵到處搶糧，於是我們看到一些有趣記述：

「臺中縣下糧米先被糧食局征用壹萬八千餘石，嗣後又被蔡少將以恐怖手段強迫運去二萬五千餘包，兩度合計達四萬餘包，合米四百萬斤。」

搶到了霧峰，農民問他，「我們這邊有一千八百包，可給國軍六百包，剩下的分給村民，可不可？」

「不可，陳長官說要的，你全部交出來，不然我要開始演奏了」

村民們鞠躬哀求，蔡少將拿出了機關槍，大罵幾句，「你想聽貝多芬，還是馬賽進行曲呢？」於是整倉庫的米都被搶走了，少將凱旋而歸，這是１９４６年４月發生的事。

至於這蔡繼琨何許人也？福建省泉州市人，於福建省主席陳儀手下擔任音樂學校校長，抗戰之時，在主席身旁裊裊演奏，鼓舞士氣，在兵敗城陷之時，請來了四位外籍音樂家，

「一時樂聲、掌聲、歡呼聲齊鳴，感情豐富而無家可歸的外籍音樂家熱淚盈眶激動不已」、「試想，如果拍成電影，這將是一個如何突兀而感人的場景阿！近年來人們常說，中學教課書對近代史的修改而動搖了國家認同，這有一定的道理。」

ｆｒｏｍ 《陳儀 :為理想一生懸命的悲歌》

蔡繼琨，被稱「臺灣交響樂之父」，人們這麼說他，是有道理的，１９４５年１２月，他親自指揮「臺灣省警備總司令部交響樂團」在台北市舉辦演奏會，廣邀黨政軍以及各家媒體，演奏著由陳儀作詞、蔡繼琨作曲的《愛國歌》，以及柯遠芬作詞、蔡繼琨作曲的《臺灣進行曲》，多麼嫚妙阿，我們振奮人心的旋律，宛若曼珠沙華一般，吹響鑼號，彈奏豎琴，高喊勝利，在布滿鐵銹味的風雨即將來臨前，和平的一瞬，召喚死神的前奏，在腥紅色的布幕即將降下時，我們都知道接下來要發生了什麼。

陳儀要愛他的中華人民共和國了，柯遠芬，要展開他的清鄉進行曲。

我們來說說，米荒是怎麼發生的，自然不是在大炮與槍響中發生的，是在人性的貪婪之中，發生的，是在人怠惰散漫之中，發生的，是在無視於人民痛苦與哀求之中，發生的，是把屎丟給人民，米留給自己，把抑制糧價、籌措糧食的責任留給人民，把滿倉滿穀的食糧留給了自己，我們說吃番薯簽是怎麼來的，我們體會了長官如何教會人民們學會安靜，我們知道了在黑市中互相丟擲的米與金錢，但怎麼買，都買不夠，怎麼買，價格卻越翻越高。

１９４７年4月，米價來到一個惡魔般的數字，６６６．９２。

讓我們回到１９４６年，1月時，米價飛漲，3月，陳儀召開「糧食調劑委員會」要地方人士自行想辦法，４月時，勉為其難的說要救濟，說好撥６０００噸，根據臺灣省糧食局記載，實際只撥了３１８９噸，而且是販售的方式，恩，比市價便宜１塊錢。

而我們都知道，原本封存的米有１１萬噸。

當陳儀以糧荒之名，要求聯合總署救濟，送來了１０萬袋麵粉，也是從原本免費救濟，改成「賣」的，而說要用臺灣煤礦換的２０萬石福建米，結果煤礦從臺灣運出去，米只來了４８４４石。

而說好的肥料呢？

２４萬噸運抵上海後，只有１３萬噸送到臺灣，１３萬噸肥料，只不到１萬噸用於糧食生產，當然也是用賣的，翻倍賣。

於是我們知道各種物資，是如何消失於密室，兌成神秘的魔法石，這是魔法，哈利波特的魔法，但是，別以為這樣就夠了，還有別的。

「田賦征實」

１９４６年8月，這個來古老東方的神秘黑魔法，在炸燬了之那國以後，穿

白袍的陳儀。不利多，在福爾摩沙施展開來，即土地徵收實物稅，他是這麼說的，

「我們的糧食政策，一是充實軍糧，一是調劑民食，要達成這些任務，政府必需有大量糧食握在手裡，於是田賦征收實物」

我們不知道「調劑民食」他幹的怎麼樣，但是充實軍糧他幹的很好，他唸了一串咒語，說要以量至價，但實際上，量越來越少，價越來越高。

若說有什麼比乾旱、颱風更加可怕，乃在於「田賦征實」這化零為整的魔法。

在萬華的龍山寺，若說１９４５年市場堆的高高的牛、豬、雞、鴨肉，１９４７年2月１３日的龍山寺中，千人遊行請求解決米荒，實乃無比的諷刺的對比——怪「牛」嗎？

水牛肉質生澀，根本不好食用，又是農夫的第二生命，很難想像有人會把水牛宰的跟山一樣，與豬肉雞肉堆疊在一起。

１９４７年2月２２日，「饑民僵斃路上，令人慘不忍睹」，人民導報云。

我們可以這麼說，米荒有兩個原因，第一，１９４６年解除了米穀管制，以封存和爭搶，下半年，實行田賦征實，將人民的稻米劫掠一空，雪中括炭，而其後的人們呢？

聽著一個艘年在說故事，他說的津津有味，而人們也愛聽，他舉起雙手，在空中胡亂的抓著，就好像在摸奶一樣，摸到了八田與一的奶，人們拍手歡呼，因為此時，聽的人們，感覺自己無罪了，於是他越摸越興奮，摸到了二二八身上。

把加害人說成是英雄，在無辜的技師，被砍頭之後，這群人食隨知味，越摸，越是開心，每摸一次，肩膀上的沉重就輕了，每摸一次，他們所討厭的那群人，就顯得無知與困窘，他們騎在臺灣的先民上，朝著臺灣人盡興的排毒。

卻忘了自己也是臺灣人呢。

吃臺灣米，喝臺灣水的臺灣人呢，如果這座島之外，有個佇立百年的海神，祂會怎麼看這幕景象？一群臺灣人，在玩著「扮演臺灣人的遊戲」，告訴另一群臺灣人，我們是如何的為你好阿，你們是如何的對不起臺灣，你們

你們這又笨又壞的臺灣人。

因為怕被責罵，於是先責怪別人，自己明明不是兇手，卻幻想著自己與兇手的影子，是如此接近，沉浸在一股癲狂之中，於是價值產生了紊亂，喪失了信念，世界失去了公正，只好像擰抹布般，扭轉自己的腦子。

為什麼看到加害人被重擊，就感覺到要消滅自己的存在？為什麼看到被害者的不幸，會覺得是自己的錯誤？好人一定會有好報，壞事不會發生在好人身上。

所以那發生不幸的，想必也做了不好的事吧，然後那與我相近的那個人哪，他一定是，好人，所以他不會做壞事。

幻想自己是加害人的影子。

進入了兇手的邏輯，移情到莫須有的偶像，不管是哪個都好，在墳前被切割的沉思之中，散播恐懼，替皇民化運動下的人抱屈的方式是，指著現代人說「你們這些皇民！」

在面無表情的舉著頭顱的人面前，ｓａｙ「合理，這是一種愛國表現」，彷彿數千數百個李承龍，在螢幕前傳遞他的聲音。

說那臺灣人的市長擁有日本人的血統，彷彿兇手正在他耳畔磨蹭呢喃。

然後輪到二二八的時候，就成為屠殺者的庇護者了，都是日本人的錯，我不會受傷害。

其實日本人沒那麼重要。

去想別人怎麼去想，ｂｒｏｔｈｅｒ，當人失去了這個能力，就會變得極度自私，而看不見週遭的世界，與身旁的人的存在。

說出來的話就會變成是那樣的，消去自我成為憤怒的連體嬰。

如果那海神，掀起浪來，想必祂會這麼說吧，

「你們之中，有一些人聽到我的鳴鼓之聲，就倒了下來……」

「你們的肩膀上有許多積壓，有許多回憶，許多惡意的侏儒盤據在你們心靈的角落裡。你們之中，也帶著隱密的流氓氣息。」

「就算你們是高尚的，屬於高尚的那一類，你們的心中還是有許多歪曲和畸形，世界上卻沒有一位鐵匠能為我把你們槌直。」

如果依偎施暴者會讓脆弱的心看起來無比強大，那麼它將會被真正堅強的凡人們擊毀無數次，直到人醒來為止。

因為這就是生命，讓我們再來一次，

ｔｏｍｏｙｏ。

Chapter 10
流浪者的國度

2014.08.17

這世上，根本沒有家鄉，也沒有國家，每個人都是流浪的 .. 在地球的這個時間，如果有一個地方，一群人凝聚了共識，那麼，便是個國，便有個家了⋯不論你是先來的，後來的，原本就存在的，你們必須承認彼此，在現在這個土地，如果不能，那這個家就會分崩離析，無關多數和少數，男與女，種族和膚色⋯

——名為變態的神父 《Re: [問卦] 有沒有烏克蘭現況的八卦？》

「我們本來就是國家，為什麼要喊獨立？難道沒有除了台獨以外的選擇嗎？」

ｙｏ，ｂｒｏｔｈｅｒ，很簡單，因為臺灣還沒從地名變國名阿。

若飛昇至大氣層來看，亞美利堅、日本、新加坡、瑞士、義大利、荷蘭，無一不是國與地。

而所謂英格蘭、法蘭西、日爾曼，在神聖羅馬帝國之下，也不過是某塊地和區域。這樣的命名，有一個好處，那就是他是最中肯的。

無論你來自何方，流著什麼樣的血液，刀槍血光之後，站在其下的土地，絕對最有力的證明，也是最神聖的排解儀式。

臺灣之名，應是最純粹的。

能使皇民、滯台支那人，本省、外省、平埔、高山、蛆與吱、藍與綠，都為之噤聲，相反的，中華民國則不能。

宛若蒙娜麗莎的面紗，那不知名的源頭，可能是西拉雅的Ｔｅｙｏｗａｎ、Ｔａｉａｎ，從福爾摩沙到大丸（大塊的島），大員、台員、東寧、高砂……

「今欲靖寇氛，非墟其窟不可。其窟維何？臺灣是也。」

《明史·外國四》

總有很多人叫他，喚他，最後，成為獨一無二的字，臺灣。

歷史總是不斷往前進的，縱使馬英九推動所謂「正體字運動」，想將異體字台，定成臺，民間仍喜台字。

ｏｈ，那並不只是一種約定成俗，而是一種自然意識，時代像是流水，輕輕的推移，無數的巧合和偶然，慢慢的集結成他原本的樣子。

台，亦有怡之意。

非常遺憾的，居住在臺灣之上的人，並不懂得珍惜這個名字，他們互相自慰，彼此閹割，有去臺灣化者，將臺灣濃縮成一個操台語、嚼檳榔，不知禮俗的低俗形象，加以鄙視，亦有將臺灣揣入懷中，視為己之禁臠，臺灣為臺灣人所有，外省人滾蛋。

將盤子打碎，取一枚碎片，稱之為碗，無法完整，將碗盤繫於腳上，當做鞋子來穿，每一步，都會碎裂難行。

臺灣靜靜的看著在肚臍上的人們，紛紛擾擾，卻不吐露出半句怨言。

我問臺灣為何？

他笑著回答：「都是一群不懂事的孩子。」

如果有天，我們的眼睛能看的清楚，就不用放逐任何一人，而感到心安；如果有天，我們耳朵能聽見腳下透明的脈動聲，就不用鄙視任何一人，而覺得堅定。

就像是一個碗，上面放了許多菜，有原住民的燒烤，有蚵仔煎，有翠玉白菜，捧起這個碗來，並不會有繁體字或蘇東坡被倒在地上，我放下這個碗，並不會被淋滿中國的廉價辣椒醬，然後什麼都不剩，只覺得辛辣。

這個碗從１６００００００年前，就從海裡浮上來了，那時，什麼人跡也沒有，乘著圓木來到這的人，那麼，你就是臺灣人了；乘著風帆來到這，那麼，你也是臺灣人了；乘著破敗軍艦來的人，亦是臺灣人，因為他們都帶來各自的寶物。

「這世上，根本沒有家鄉，也沒有國家，每個人都是流浪的…在地球的這個時間，如果有一個地方，一群人凝聚了共識，那麼，便是個國，便有個家了。」

ｂｙ　名為變態的神父

ｙｏ，ｂｒｏｔｈｅｒ，聽過這個故事嗎？

神父自從失業以後，就開始四處流浪。

有天晚上１０點，人群散去，神父便走到西門町中，翻找垃圾桶，看有沒有什麼吃的。

我翻到了附近壽司店賣吃剩的豆皮壽司，放在嘴裡嚼嚼，心想，今天運氣真好，不過，更美好的事情在後頭。

我在果皮殘渣以及電影票根之中，尋得了一個紙袋，上面寫了：

「給你的」

三個大字，讓神父倍感疑惑，翻過紙袋，背面又寫了：

「好好用。」

於是神父迫不及待的打開紙袋，發現裡面竟然足足放了三千塊錢。
ｏｈ！ｇｏｄ！這一定上天可憐我，給我的禮物。

拿著紙袋，神父看著遠方的警察局，裡頭晃動的鴿影，心想：

「幹，有工作很爽齁。」

於是吐了一口痰，將錢揣在懷裡，昂首闊步的離去。

這三千塊錢，該怎麼用呢？神父第一件事情，就是想到洗澡，神父已經一個月沒洗澡了，看著路邊車窗映著油膩膩的頭髮，更堅定了這思緒。

「去旅館大概只能洗個一兩天，要是租個房子，就可以洗一個月了。」

想到這，不得不佩服自己的智慧，神父隨意找了家房仲。

「三千塊的房租，然後只租一個月？」

神父點了點頭，房仲小姐露出一臉無奈的表情。

「好吧，我努力看看。」

「請先填一下這張單子。」

房仲小姐開始打電話，看著她接連的打了好幾通，神父不覺感到歉疚。

「是的，三千塊可以嗎？」

「不過只有一個月，也行嗎？」

「果然不行阿 ....」

聽到這，神父嘆了口氣，向房仲小姐點了點頭，收拾細軟，準備繼續流浪。

「等等，你說他的職業嗎？」

「他是變態……神父」

房仲小姐瞇細著眼睛，看著我剛剛寫的那張單子。

電話一頭，傳來嘟嘟的聲音，看來真的沒希望了。

但是房仲小姐開心的跑了過來，

「變態先生，你的房子找到了！」

「是嗎？真是太感謝了。」

神父向她行了個深深的禮。

那是一間非常普通的房子，有水、有瓦斯、冰箱和床，一切都十分順利，神父先是躺在床上滾了一圈，脫落了許多污垢，然後就跑進浴室裡大洗特洗，洗完在回到床上聞聞自己的污垢味，愉快的進入夢鄉。

Ｂｕｔ，正當神父翻過身來的時候，背脊立刻感到一陣涼意，我迷濛的張開眼睛，發現有個小光圈，在我身上徘徊。

然後我又閉上眼睛。

天花板傳來窸窣聲，我感覺正在被監視著，但在路邊睡習慣的我，這不過是小菜一疊，我充分的享受那熱情的目光，一整晚。

第二天，我打開冰箱，發現昨晚撿拾回來的噴，似乎少了一些。

這並不讓人在意，我進了廁所想洗把臉，剛好欄杆上掛著一條毛巾，我將就著用了，洗著洗著，臉上突然多了一根毛。

ｏｈ，這真是個驚喜，神父用指尖挑起沾染在臉上的髮絲，那長度，就像一根根玉米鬚，我記得我可沒這等髮量阿。

拿起來聞了聞，其實還滿香的。

我注意到廁所外面的地板，一些小小的腳印，還沾著水漬，一路蔓延到房間裡去。神父趴著觀察那些腳印，感覺相當的新鮮。

我將自己的腳給踩了上去，小小的腳丫子立即被完整的覆蓋住，我想起華胥氏踩了雷澤的一個大腳印而懷了伏羲，不知道我這麼做是否也能讓腳印的主人也懷了孕。

不過設想「它」是女性，似乎也太沒有根據，也許是「它」是人以外的東西。

神父想起在求學時代，交誼廳看過的卡通－小小雪精靈，裡面四處飛翔的糖糖、胡椒和小鹽，也就不放在心上了，畢竟那是長大了，就看不見的事物。

我打了個喝欠，推開門，開始一天的工作。

先是在紅樓掃地，換取晚餐和菸的錢，晌午的時候，等著穿熱褲的辣妹，走出店的後門丟垃圾。將這些垃圾一包一包的集結起來，連著今天掃的份一起，放到指定地點。

這裡有免費的音樂可以聆聽，雖然是模糊的，沉悶的旋律，偶爾有人打開門出來，聲音才會稍微大些，有免費的幸福可以觀看，手牽著手的，彼此相視的，無論是情侶還是朋友，交集的話語，都是幸福的。

神父坐在角落的樓梯上，看著指針慢慢划向１０點，先是一群變形金剛的影迷魚貫的走了出來，塞進了捷運站，小黃計程車一台接著一台，吸取剩下的年輕沙丁魚離去，他們舉著飲料杯互相慶祝，臨走前，還灑了一點在地上。

等到螢幕關起，連勝文的海報變得黯淡，另一批攬客的人，就會散了出來，滑著手機的人們，一不小心，肩膀就會相黏在一起，像是魚印魚和鯊魚的共生，令人感到溫馨。

我看著自己的肩膀，並沒有任何可以讓人依偎的事物，充其量，只像條垃圾魚。

一邊這麼想著，一邊游走到壽司店前熟悉的垃圾桶，找到了個布丁，這可是個大發現，也許是壽司店賣剩的點心，或是量販店的過期品，無論如何，對我來說，這可是了不起的奢侈品。

我還找到了吃剩的炸雞，咬碎茶葉蛋，令人興奮的半包芒果，真是大豐收，前餐、主菜，甜點，皆有了。

神父捧著它們回家，拿出珍藏的銀盤和銀色刀叉，細心的拆解那雞骨和肉，將削下的肉排成半月的形狀，一丁點、一丁點的叉起，品嘗肉汁的精華和美味，當然也混著一點莫知名的口水，但惡味吸引土星，苦味來自木星，這些都是難以言諭的，人世間的滋味。

將骨頭啃個精光後，我望著那豐盈美滿的布丁，舔了幾口，品嘗金星的甜味，覺得吃掉她十分可惜，反正我已完成了一道摩爾式的美食，何不把這小傢伙留待明日？

神父將布丁連同盤子放進冰箱裡，想起房子裡的小精靈，靈機一動，寫了張字條，壓在銀盤下。

「請留一半給我。」

第二天的夜晚，那被監視的感覺還在，不過感覺舒服多了，我很快的發出鼾聲，在耳邊，隱隱約約聽到廁所傳來的水聲。

隔天，我打開冰箱準備吃布丁當早餐，沒想到，居然少了一半。

「看來小精靈似乎存在。」

我端起盤子，吸吮剩下的布丁，剩下的然後剩下的，仍然是美味，神父閉上眼睛咀嚼，感受舌尖上的宇宙，顫動每一株味蕾。

「恩恩……」

昨夜的各種星辰交會，卻閃線一道陌生而且柔和的光輝，她繞著我旋轉，不停的強調她的存在。

「喔喔！」

神父張開眼睛，是月球，粗糙的表面，有柔嫩的露珠滑過，帶點玫瑰般的香氣，一切都如此微小而親切，ｂｕｔ神父仍然感受到了，許久未見的，少女の味。

我的舌頭，是不會出錯的，嚐過千百種人生滋味的神父，最難以忘懷的，就是這股味道，也許小精靈是個女的？不管怎樣，至少，她看的懂字。

確認了這個事實，必須進行驗證，神父又寫了一張字條：

「請幫我洗碗。」

夾在盤子下面，置入冰箱。

如果她看的懂字的話，就會再度幫我洗碗；洗碗是人類實實在在的工程之一，她得拿起碗，然後拾起菜瓜布，沾上洗碗精，這繁雜的步驟與知識，只有熟悉人類的文明，才辦得到，而我亦能確認，她是一個真正的有形之物，至少，她的皮膚會沾黏到碗上，而其中，我亦埋藏了一個隱喻——幫助，只有人類，具有同理心的生物，才能完成這宇宙中最困難的概念，而我的同理心亦會響起號角，我能用同理心確認她的同理心，她是真的，而且離我如此靠近，這是人類文明，科學與邏輯，真正的本質，一顆擁有心的人，用他的心感受世界。

不過現在我得趕緊出門才行。

吹著口哨，我懷著輕鬆的心情，來到了菜市場。

「今天是ｖｅｇｅｔａｂｌｅ　ｄａｙ。」

神父自言自語，接著，尋到了堆積如山的簍子前，開始檢拾剩餘的菜葉。

從堆積如山的的臭葉子當中，找出沒有污染的那一片，這是有些許秘訣的，如果你的心太過羞赧，那麼屬意的那片葉子也是，重點就在於，如何將路過的人們也當作菜葉，想像自己就在一片菜田。

對於擁有豐富經驗的神父來說，這並不是難事，我撿了滿滿的一竹婁，接著，悠閒的走到了河濱公園，在樹下享受徐徐涼風。

數著經過單車，計算一段路口經過的頻率，等到每分鐘 3 台左右，我就知道，潮水要退了，這時，另一道美味，正等著我去摘取。

潮水褪去，一些擱淺的鰻鯰在河岸蠕動。

牠們嘴巴一張一閉，呼吸著不能分解的空氣，然後扭曲著身子，一點一點的，想爬回河岸裡。

「要是他們有腳就好了。」

神父心想。

有些幸運的，爬進了一窪小水，獲得了短暫的喘息，有些不幸，就耗盡力氣躺在橋墩上，小水裡的鰻鯰游裡一小段就撞到河石，漫出的水連同逝去的，也讓自由的空間，迅速而難以察覺的流失。

我爬下去，捉了一條剛失去氣息的失敗者，拔去了他背上的三根毒刺，準備當作晚餐。這種叫做「沙毛」的鰻鯰，本身帶有毒性，並不具備經濟價值，剛好，失敗者的身軀，被失敗者食取，真是個失敗的食物鏈阿！

回到了家裡，把菜和魚都冰起來，今早放的盤子卻不見了。

找了半天，原來在流理台上，它被洗的很乾淨，而且上頭不留一滴水珠，顯然也被仔細的擦拭過。

我拿起盤子嗅了嗅，舔了舔，沒錯，還有昨夜殘留的少女芳香，看來小精靈又現身了，神父看著今日的收穫，突然有了靈感，拿起筆，繼續寫道：

「請用這些幫我煮晚餐。」

然後塞在菜跟魚的下面，關上冰箱，帶著一點期待爬上床。

不知睡了多久，突然被輕微的金屬敲擊聲驚醒，好像自廚房那頭傳來，神父不動聲色的，掀開被子，悄悄的下了床。

廚房裡一片黑暗，什麼也看不見，但神父確信，那擁有少女氣息的小精靈，就在裡面。

「喀、喀」

就在這個ｍｏｍｅｎｔ，瓦斯爐的火卻點著了，藉著那微弱的光芒，可以看見一個纖瘦的身影在晃動，令人興奮。

那身影很忙碌的，燒著開水，將菜葉撕成小片，接著左顧右盼，好像在找什麼的樣子。

她一會兒翻翻下面的櫃子，一會兒又摸摸上面的架子，但是她實在太矮了，似乎搆不著，最後她放下雙手，呆呆的看著我釣回來的鰻鯰。

終於要見面了，期待已久的小精靈，神父忍不住，按下了電燈的開關。

「ｙｏ～」

伴隨著驚訝的表情，那清澈的眼睛，就像是隻小狐猴般，睜的大大地。

她的背上沒有翅膀，原來不是小精靈，是個可愛的女孩子。

她微張著嘴巴，好像想說什麼，或發出某種聲音，但畫面卻定格了，如果她有尾巴的話，一定也是豎起來的。

僵持了三秒鐘，這才大夢初醒，她急急的朝我衝了過來，少女長長的頭髮飄呀飄呀的，飄入我懷中，瀏海緊緊貼住神父，散發出十足的存在感，我想起在廁所裡，那一根親密的髮絲。

「不用害怕，偶偷咩。」

神父陶醉的說，

「妳聽見我的心跳了嗎？」

我的胸脯順暢的起伏著，少女的臉卻熱的發燙，她掙扎了一會兒，不久，忐忑的心慢慢平靜了下來。

我感覺到少女的溫度，慢慢的離開了我，一切的謎題，都解開了，我熱切的注視著她，就好像當初她從暗處窺視著我一樣。

「我們一起來把剛剛沒做的菜做完吧？」

神父說，少女點點頭。

氣氛登時和緩了些，但料理一條魚並不是件容易的事，特別是一條鰻鯰，先別說那懾人的鬍鬚以及猙獰的樣貌，難以去除的土味，也是令小姑娘為難的原因吧！但，這的的確確是一道魯蛇的美食。

神父將牠的腹肉，一塊塊切了下來，洗乾淨，瀝乾，再拿出一罐草莓優格。

將粉紅色的優格覆蓋在魚塊上，這不免讓少女受到第二度的驚嚇，但這麼做是有原因的，就像土虱搭配著重味的中藥材，濃郁芬芳的草莓優格，亦有異曲同工之妙。

此外，我還加了壓碎的開心果、茴香和小豆寇，最後，再灑上一點玫瑰露。

「粔籹蜜餌，有餦餭些；瑤漿蜜勺，實羽觴些。」

神父吟道，一邊將這詭異神秘的魚塊，丟在煎鍋上。

「和酸若苦，陳吳羹些；胹鱉炮羔，有柘漿些～」

煎到這魚喚出了糖蜜的焦香，滋滋的流露出肥油，

「魂歸來兮！」

神父大喊一聲，拋出了煎鍋中的食物，然後不偏不倚的，紛紛落在小女孩雙手端著的盤子上。

她「阿」的叫了一聲，似乎些許燙油，滴著了她的小臉。

於是此物，大功告成。

「妳叫什麼名字呀？」

「吾伲ㄚ？」

「吾伲的名字是扁兒。」

少女一開口，就像嘴巴裡含著豆腐似的，神父想起白先勇筆下的伊雪艷。

「扁兒阿，吾人是名為變態的神父。」

「請品嘗這份大作，ｌｏｓｅｒ　ｆｉｓｈ。」

盤子裡柔嫩的魚塊，在冉冉的煙幕中，蹦出亮光，扁兒看的呆了，嚥了一口口水。

她取出筷子，夾了一塊，吞下。

「味道還不錯吧？」

「恩，好香、好軟，還有草莓的味兒。」

她閉上眼睛，一手撫著臉頰。

「好吃。」

正當她想夾起第二塊ｌｏｓｅｒ　ｆｉｓｈ時，筷子被神父用手指彈開了。

「等等。」

「該妳露個兩手了。」

神父指著早上尋來的一大把蔬菜。

「這、這麼多，要怎麼煮ㄚ！」

「看你嘍～」

「這一大把，有各式各樣的蔬菜，妳可以挑妳喜歡的來做。」

「那……」

她翻找著我翻找過的東西，眼睛靈活的轉阿轉的，沒多久，就把雜亂的蔬菜分類好了。

「這個、這個，還有那個。」

她拿起一片九層塔聞了聞，

「好特別的味道。」

接著，又拿了牛蒡，和一串不知名的菜，看起來很高興的樣子。

「有蛋嗎？」

她問，神父只得將珍藏已久的蛋蛋拿給她。

燒開水後，她單手舉起我的蛋蛋，輕輕的敲擊一下，乳黃色的蛋液隨即傾洩而出，她即有節奏的盛入盤裡，隨意的攪拌一下，做出了雲彩般的層次。

我的蛋蛋落入水中，色彩又更加鮮明，圍繞著滾水，就像運轉的行星那樣，在鍋中活潑的旋繞，成為唯美的蒸栗色。

她將各式蔬菜一同倒入，煮上了一些時間，待那湯汁緩緩化為翡翠，散發出野草特有的香氣，這才緩緩吟道：

「滿地綠蔭簾不捲，游絲飛上蜀葵花。」

正當神父細想蜀葵花是三小時，一碗蛋花湯已經放在眼前。

「神父哥，請嚐嚐看ㄚ！」

她得意的說。

我喝了一口，發覺真的不錯。

蛋花絲絲入扣，柔軟滑順，湯頭彷彿一片清香芳草，暖暖的覆蓋在我心田，沒想到我的蛋蛋，竟也能煮出這般滋味。

「妳加了什麼？這是我不曾吃過的。」

「是菊花腦ㄚ！」

「菊花腦？菊花也有腦嗎？」

「你呆了呀！這是你採回來的『蘇菜』。」

「蔬菜？」

「是『蘇菜』，在吾伲老家，常用這種野菊煮湯，加上這種特別的九層塔，沒想到意外的很合呢！」

神父點點頭，難怪味道如此奔放。

我們一邊聊著食物的種種，一邊享用Ｌｏｓｅｒ　ｆｉｓｈ和蘇菜，像是認識了許久似的，一掃初遇時尷尬的陰霾。

她提起家鄉的菜餚，就像數著天上的星星，神父報以草莓優格和泡麵的秘密。

她說的多了，不知不覺打起了喝欠。

「神父哥，吾伲要睡了。」

只見她俐落的踩在床頭上，掀開天花板，一溜煙的爬了進去，然後，一道光射了下來。

「神父哥，你不可以上來喔！」

扁兒拿著手電筒，往我這晃阿晃，原來，第一天在我身上的光圈，就是這麼來的。

「晚安ㄚ。」

她闔上天花板，聲音變得朦朧，

原來，她一直睡在我上面。

我和這個小女孩－扁兒，渡過了一個流浪漢不會有的奇異時光，帶噴回家時，有人一同料理，看電視時，有人一起吐槽，最重要的，睡覺時，能聽到天花板上傳來細碎的鼾聲，而不是腳步聲和輪胎的震盪。

但是，也發現了她與我格外的不同，她有種激烈昂然的情感，藏在那小小的身軀中，一不小心，可能就會引燃。

神父記得，那時我正在看一個叫中國豪聲音的節目，它有著相當巨大的舞台，一票過往熟悉的臺灣歌手，如筍頭似的冒出來，成為了評審。

那是一個奇妙的光景，一些中國人，正在唱臺灣的歌，而且唱的非常好，有些歌曲是四、五年前的舊歌，ｂｕｔ對神父來說就像新的一樣，畢竟我已經很久沒有聽臺灣的歌了。

「ｏｈ，瞧瞧那些罐頭觀眾。」

「那陶醉的表情就像是演出來的。」

神父一如往常的吐槽。

「但是歌手唱的很好ㄚ！」

扁兒說，她正抱著枕頭專心的注視螢幕，神父的床被她佔據，只能躺在地板上發出不平之聲。

「歌曲前鋪陳的故事也很糟糕，每個都是如出一徹。」

「ｏｈ～我到這個城市，只為了圓一個夢兒～」

神父學著那怪腔調。

「你ㄚ！可以不要說話，安靜的聽歌嗎？」

「不可否認能感受到他們熱情，ｂｕｔ就像是要唱出心中的不滿一樣，感覺非常的壓抑。」

老舊的電視傳來優美的男聲，他唱著特別的歌詞，例如將城市拉回去鄉下餵狗之類的，隨即開始嘶吼。

唱完了，他開始字正腔圓的述說激勵人心的故事。

「妳不覺得有種反差嗎？唱歌的人和說話的好像不是同一個。」

「舞台上好像有另一個國家，那評審、歌手和觀眾，他們好像活在一個沙漠裡。」

神父滔滔不絕的開始評論，

「露出渴求文化的眼神，每個人都活在夢想的綠洲裡。」

「期待會冒出水來，假裝自己很飽，這些和那些，都是來陪襯的，陪襯這個夢。」

神父盯著那些熟悉的臺灣評審們，

「看起來都一樣的夢。」

「你不要再說了，你什麼都不懂！」

扁兒的聲音突然變得尖銳，神父被嚇了一跳。

「你不懂他們追求的是什麼！你不懂他們的感受！」

「他們明明很努力了，已經很努力了……」

說著說著，突然潸然淚下，

「為什麼……還要這麼說呢…….」

「我不懂，妳為什麼哭。」

神父說，就在這個ｍｏｍｅｎｔ，扁兒突然衝了過來，「啪」的一聲，將她的小手，烙印在神父布滿鬍渣的臉上。

「神父你Ｂ嘴！」

「吾伲和你是不一樣的！吾伲……」

於是她掩著臉跑出去了。

神父摸摸鬍子，思考著她留下的餘韻。

沒幾天，扁兒便上了新聞，神父打開了電視，就看到了她纖纖背影，斗大的標題上寫著：「未成年少女偷渡，即將遣送回中國。」

她的旁邊，站了許多高大魁梧的員警，她則垂著頭，披上外套，遮掩自己的臉，不過那雙手，我不會認錯的，那是一雙會煮好菜，會塞人巴掌，滿是繭痕與剛毅的手。

算算日子，房屋的租期也到了，我關上電視，開始整理家當，折好棉被，將床上的污垢拭去，連同她踩踏的痕跡一起。

臨走前，我看了看她睡的天花板，那裡已不再有她朦朧的字句，廚房裡，曾裝著布丁的盤子，安靜的擺在流理台上。

神父的臉開始疼了起來。

我關上門，前往移民署。

「你好，請問有什麼需要為你服務的嗎？」

「ｙｏ，你好。」

「請說，我在聽。」

「我想認領一個人。」

「呃，我不太清楚你的問題。」

「就是一個２６小妹妹，她被你們抓起來了。」

「……」

「請問她的名字是？」

「她叫做扁兒。」

「扁兒？」

瞎談了一會兒，對方才弄懂是怎麼回事。

「這個女孩是大陸人，沒有入台證，所以是非法居留，根據法令，要被強制遣返。」

「喔喔。」

「大陸人是外籍人士嗎？」

「大陸人不是外籍人士。」

「那為什麼還要將她遣返呢？」

「這個，基本上大陸和我們是同一個國家，但是……」

「但是她沒有中華民國臺灣地區入出境許可證。」

「對、對。」

「張安樂有嗎？」

神父突然提了一句。

「張安樂？ .... 他應該有。」

「那麼最後我想再問一個問題。」

神父拿出了自己的身分證。

「我是中國國籍嗎？」

他呆了一會兒，隨即堅定的回答，

「不，你不是。」

幾個月後，載著扁兒的船即將出港。

船上散滿濃厚的汽油味，兩個戒護人員正在甲板上抽菸。

「這年頭居然還有大陸客偷渡呀！」

「還是個未成年的，金將頭殼壞去。」

「以前阿扁的時候喔，靖廬裡的大陸妹可多了呢！一個比一個還正，嘖嘖。」

「阿，她來了。」

兩人熄了煙蒂，扁兒也被押上來了，戒護人員帶她爬下油膩膩的樓梯，走到了船艙裡的房間。

「來，這本書給妳打發時間。」

他丟給她一本「小貝殼的天空」。

「吾伲可以出去看看嗎？」

「不行。」

戒護人員一臉嚴峻，

「忍耐一下，馬上就到了。」

扁兒坐在椅子上，翻動那本老舊的書籍，不時從書本探出頭來，盯的戒護人員的動向。

「自閉症常常被當作麻煩製造者，但是只要不放棄希望，他還是能理解這個世界。」

她開始念著書本上的文字。

「只要用心，他們就能像小貝殼一樣，露出美麗的、美麗的 ...」

「這位阿哥，請問這個字怎麼唸呢？」

戒護人員看著她可愛的樣子，繃緊的臉登時垮了下來。

「我看看阿……」

扁兒故意將書拿的遠些，也就讓人不由得靠近了些。

「這個唸珍ㄧ珠。」

「原來是珍珠ㄚ。」

「那麼，吾伲想要變成珍珠。」

說時遲，那時快，只見扁兒將書蓋在他臉上，然後抓準時機，打開艙門，一溜煙的跑了出去。

「Ｆａｃｅｂｏｏｋ！」

戒護人員在後面大叫，他的同伴立即跟了過來。

「啥？」

「你在說啥阿～」

「我是說，那個小女孩跑了，這下我非死不可了。」

「那趕快去找阿！」

戒護人員在後頭喧鬧著，扁兒沿著船階，像隻貓似的往上爬，不時往後頭張望。

手上滿是鹹鹹的海水味，等到回過神來的時候，她已經在甲板上了，清涼的風拂過她的頭髮，白色的海鳥，在她頭頂上掠過。

「媽！妳看，是海耶！」

有個孩子牽著母親的手，指著旋即下沉的夕陽，藍色的天空就像被撕開的布，靠近海的地方，有一道纁色。

那孩子很開心，在扁兒的眼中，卻是令人惆悵的景象。

嗚嗚的船笛一響，地板開始震盪，前導的小船激起了許多水花，攜著大船轉彎、變換，岸邊的燈火慢慢變得模糊，扁兒弄不清楚是船離開了港，還是島離開了她。

「她在那裡！」

又被戒護人員發現了，她急急忙忙的躲進船上的客房裡，關上船門，用力的轉了幾圈。

「從另外一邊！」

他們的聲音遠去了，但隨時都會闖進這裡，扁兒左顧右盼，四周是一層層窄小的床鋪，她挑了一間較大的，從簾幕中鑽了進去。

「呀！」

「幹什麼阿？」

遊客的驚叫聲此起彼落，他們仍不死心，一間間拉開，企圖檢查裡面躺著是誰，扁兒屏住呼吸，深怕被發現。

沉重的靴子，慢慢接近，眼看，就要輪到她這一間了，扁兒忍不住閉上眼睛。就在這個ｍｏｍｅｎｔ，

「ｙｏ，有事嗎？」

戒護人員往裡頭看了一下，一個龐大的背脊，正在和他們打招呼。

「抱歉，打擾了，請問你旁邊還有人嗎？」

「沒有耶，只有抱枕，ｂｒｏｔｈｅｒ。」

「抱枕？」

「對呀，我每天晚上要抱著小愛理才睡的著。」

「要看嗎？」

「不，不用了。」

戒護人員驚嚇的拉上簾幕。

「你是神父哥嗎？」

扁兒感受到一股濃密的變態氣息。

「ｙｏ，偶偷咩。」

「妳聽見我的心跳了嗎？」

神父愉悅的說。

也許是緊繃的心情得到了放鬆，她斗大的淚珠一顆一顆，順著臉頰，流了下來。

「妳又入侵我的房子了呢。」

「才……才沒有。」

「明明是吾伲先來的。」

接下來，我們就一起看著天花板發呆，扁兒拿出手電筒，四處照阿照的，她還是沒有改正這個壞習慣，光映出了些許字，歪歪斜斜的寫著「ＹＡ，終於可以回家了」。

「這是誰寫的呢？」

「不知道，也許是阿兵哥吧～畢竟這是往東引的船。」

「神父哥，吾伲還是會被送走嗎？」

「恩，可能先到東引，就會有船載你回大陸。」

「妳想回家嗎？」

她沉吟了一會兒，

「吾伲不知道。」

「那換個話題好了。」

神父微笑的問，

「妳為什麼來這裡呢？」

「因為……吾促想出去走走。」

「吾促在老家的電視上，看到一個歪國的節目，她穿著很清涼的衣服，然後到世界各地去做菜。」

「有好多吾促沒看過的食材和調味料，吾促好羨慕，吾促想跟她一樣。」

「恩恩，那妳應該去歪國阿～」

「但是歪國人很討厭阿！而且吾促又不會說英文。」

「你們不是有吳寶春和阿G師嗎？而且我還看過一個很厲害的人，他用巧克力做了一隻大鯨魚，還有海浪，感覺……感覺……」

「感覺怎麼樣？」

「感覺很自由。」

「吾促的家鄉，菜雖然很好吃，但是是做不出來這種東西的。」

「也沒辦法和歪國人一樣，一邊笑著解說，一邊拼湊出不著邊際的東西，就像……」

「就像你把草莓優格加入魚塊裡，在我們那裡，一定會被大廚罵的很慘。」

神父忍不住笑了。

「妳怎麼知道？說不定他私底下也這麼做過。」

「不可能的，大廚只會罵人。」

扁兒搖搖頭。

「那妳來這裡以後呢？」

「吾伲錯了，吾伲來這裡，根本沒人要雇用吾伲，大家好像都很討厭中國人。」

「你們明明也是中國人哪？」

「不，我們不是，以前或許是，但現在不是，有些人認為是，但我認為不是，當我這麼想的時候，那麼，我就不再是了。」

「吾伲不懂。」

「簡單的說，就是我跟妳，不一樣。」

「繼續說下去吧！」

神父巧妙的帶開了這個話題。

「後來吾伲錢花完了，就躲到一個屋子裡，然後，你就來了。」

「原來如此，我得先跟妳道歉。」

神父將手放在胸前，

「不過，夢想並不是那麼簡單的事。」

「並不是想著，她就會實現，並不是做了，就一定會成功。」

「妳看到了那華麗的一面，但沒看到失敗的另一面。」

「華麗的那一面？」

「沒錯，感人的故事，努力的汗水，優美的歌聲，甜蜜的菜餚。」

「但終究祇是看著而已，從數千萬計的人裡，只留存幾人在你眼前。」

「那是很殘酷的，螢幕前面，光鮮亮麗的樣子，是像剔魚肉那樣。」

「一片片給刮了下來，不由分說的，只留下最好的那一片。」

「但不是最美麗的那一片，最可口的那一片，只是最好的那一片。」

「最好的那一片，不好嗎？」

「當然很好，但是最好的都一樣，而妳知道的，落下的，並沒有那麼差。」

「妳不會看見妳的蘇菜和我的草莓魚，在那電視上美好的播放。」

「妳刮去所有而得的那一片，吃下一樣的味道，然後你再刮、再刮 ...」

「刮到剩下一丁點碎末，再從碎末中刮到剩一咪咪原子。」

「然後呢？」

「然後妳根本不會飽。」

「然後就沒人想當魚了。」

「那麼，神父哥，你覺得該怎麼做？」

「新的國度，偶偷咩。」

「一個新的國度，沒有人會被拋去，妳可以保有妳的新鮮與陳冽，然後，會有人找到妳。」

「吃妳做的菜，也做菜給妳吃。」

「妳想加入這個國度嗎？」

神父眨眨眼睛。

不久，扁兒就睡著了，她還來不及問新國度的事情，就已經安心的閉上眼睛，神父告訴她，她可以保有她的祖國，不用拋去任何事物，因為每個人，都曾經有歸屬。

但當你認同了一件真正溫柔的東西，那麼她就會連同妳自身的香味一同存在，進而散出各式各樣的味道，與不同的人一起。

就像在一座軟床上，一同跳躍。

我們稱之為，軟式ｇｌｏｂｅ。

為了完成這個軟式ｇｌｏｂｅ，神父抽了一根菸，邊走邊解下紐扣，露出了大胸脯，扯下石門水庫，露出了大ｇｇ，小心的爬到了船頭上。

首先得先回家才行。

神父對著一絲不掛的月空，開始搖晃屁屁，跳起了一段舞蹈，漸漸的，烏雲聚集了過來。

神父唱起了一首歌，雨慢慢的落下了，月光變得稀疏。

「太平洋 .... 西南海邊 ....」

風起了，雨點也越來越豪邁。

「美麗島～～臺灣翠青～」

「早前受外邦統治……」

「建國逐家出頭天～」

神父的屁屁越晃越劇烈，聲音也越來越宏亮，

「共和國憲法的基礎…」

就在這個ｍｏｍｅｎｔ，有一些模糊的人影自風雨中緩緩顯現。

「四族群平等相協助～」

神父的肌肉被雨侵襲的感到疼痛，被風吹的睜不開眼睛，但是屁屁仍然持續搖晃著。

「人類文化～世界和～平，國～民，向～前～貢獻才能…」

阿，劉永福和丘逢甲出現惹。

「台。灣。民。主　共和國！」

莫那魯道和卓介卓霧亞生跑了出來。

「Ｉｈａ！」

二二八死去的人們也從海上冉冉升起，他們的腿由鐵絲串成了一線，一同搖晃屁屁。

「Ｆｏｒｍｏ～～～～～ｓａ！」

八田與一帶著他的老婆浮起，蔣經國也帶著他的老爸出現，大家一起搖著屁屁。

打雷了，一陣電光閃到了我面前，一個全身著火的人，也在風雨中搖著屁屁。

不知過了多久，船長緊急通知回航，就像是少年拍那樣的場景，大家都嚇呆了，神父累慧，夾著ｇｇ攤在地上。

隔天一早，黎明的臺灣島就出現在眼前。

船靠了岸，不久，就傳來少女驚叫的聲音，神父揉揉眼睛，看見扁兒被一群人捉住。

「放開那個女孩。」

神父說，

「她是偷渡客！」

戒護人員一邊打量著我的ｇｇ，一邊說，

「你想妨害風化，不，是妨礙公務嗎？」

「不，你們捉錯人了。」

「怎麼可能，你也滿可疑的，該不會也是偷渡客吧？」

「身分證拿出來！」

神父將兩張身分證交給他們，一張是我的，一張是扁兒的。

「這啥？臺灣民主共和國？哪有這個國家？」

神父呵呵一笑，就在這個ｍｏｍｅｎｔ，迅速的閃身，將扁兒抱了起來。

「以後就會有了。」

「以後就會有了啦～～～」

神父一邊跑著，一邊說，濕潤的屁影，消失在夕陽的碼頭之中。

ｙｏ，這位ｂｒｏｔｈｅｒ。

曾經有一位女性問我，你是要統呢？還是要獨呢？她說她的兒子跑去抗議陳雲林了，她說就連她的女兒，也跑去參加學運，她非常的疑惑。

神父沒有回答她。

很可惜，不過我現在可以說了，ｂｒｏｔｈｅｒ，除了台獨以外的選擇，有很多。

你可以選擇今天台獨，或者明天台獨，或者改天再台獨。

既然能和平統一，必然可和平獨立，就算夢想不能馬上實現，也要看著各種崩潰和失敗，不然停止，想像，那最溫柔的藍圖。

因為人生嘛，總是要找點事做。

小雞長大了就變成了鵝；鵝長大了，就變成了羊；羊再長大了，就變成了牛。

等你長大了，臺灣民主共和國就來了，ｔｏｍｏｙｏ。

Chapter 11
獨立的注意事項

2019.04.02

「從那一時刻起，他們不再是孤立的個體，從遠處看已是一股力量，其行動是榜樣，其語言會被傾聽。」

——漢娜。鄂蘭《共和危機》

各位支持臺灣獨立的ｂｒｏｔｈｅｒ，有幾點可參考。

強調「現實」或「國際現實」都不得打擊「價值」本身，否則就是違反現實的，會陷入郝柏村困境（Ｆｕｃｋｉｎｇ　Ｈｏｗ　Ｄｉｌｅｍｍａ）。

「郝柏村以『臺灣前途由臺灣人民決定，這個在民主常態上是正確的』，作為糖衣，再輔以現實險惡的環境（國際情勢與政治現實），以過往歷史說明臺灣人並不是一個自由人。

既然不是自由的人，而現實顛簸，那麼，現在和未來，也就不用自己決定了，因為過去你們並沒有自己決定過。

這就是典型的郝柏村困境（Ｆｕｃｋｉｎｇ　Ｈｏｗ　Ｄｉｌｅｍｍａ）。」

ｆｒｏｍ《ｙｏ，這位ｂｒｏｔｈｅｒ》

第二，「官」、「民」不能相混，不要把自己想成官，也不要把官想成民，「官」、「民」權力上是不對等的，自由上也是不對等，把官的框架框架於民，要求民必須信服官的包袱停止自己實行的自由倡議，精確來說，官可能必須面對米國等大國之壓力，但是民不用，黃信介說的「台獨只能做不能說」，是一個典型官民不分的例子，官可能不能說，但人民要說，要人民跟官一樣，只能做不能說，那就是搞不清楚誰在做，因為失去了「說」來界定清楚價值，沒有價值的尺度，就等於失去了一面照妖鏡，沒在做的，可以說自己在做，沒做而反其道而行的，可以要求你不准說，因為「只能做不能說」。

在人民方面，能做的有限，掌握的資源也有限，說，就等於做，不說，就等於不做，體制內與體制外相應和，只能做而不能說的，不說，規避保守與國際現實佈下的壓力，卸除反動勢力的心防，說的，在外頭倡議，糾舉清楚價值，讓做的人不會是白做，或者讓中性的行為賦予意義，假設一個官營造對臺灣獨立有利的環境，但並沒有明目張膽的賦予意義，這個對臺灣獨立有利的環境，也可能是對華國迷思有利的，如果沒被賦予意義的話，很可能獨到一半變成華國獨立，華國獨立算獨立嗎？那就是現在這個情況，一切回到原點，或者營造了一個獨立的環境，最後的倡議卻是「新中國」，然後努力半天成為下一個不屬於自己的國家，或者走向和平統一。

體制內可不說但做，體制外說等於做，內外應合，如此才能達成「要做又要說」的效果。

戒嚴時期不能說，一說就會判刑，民主時代必須要說，否則匯聚不了認同和能量，如果要「等待一個足夠的能量才能大聲的說」而，這是一個「說了才能有能量的環境」，那等於是第二十二條軍規，只是叫你不能說也不能做。

第三，「等待機會」不能成為壓制「每個機會創造的機會」，如我們要等待一個非常好的機會，前提是那個機會確實存在，而不是由一些奇奇怪怪的人定義，否則，等待一個永遠不會到來的機會，其實就是等於要你只是在等待而已。

其實，臺灣獨立處處是機會，只不過這些機會沒有被當成是機會，或欠缺推動機會的動能，如果等待機會變成扼殺背後的動能，那這樣的等待沒有意義，是謬論。

每個機會背後都有風險，所以就是一個選擇和評估問題，機會說通常都是結果論，世界上每個國家獨立時，機會大多是莫名其妙的，在此之前，通常有無數個機會更有成功的機率，但事後看來，卻是某個關節點看似沒有效益卻突然爆發，在機會之上的，是能量和意識，也就是說，看起來成功的機會，其實是背後無數個失敗或被放棄的機會，人們還是願意持續行動所創造的結果，和能量累積，白話來說，機會是被創造的，那些實際上實行「等待」策略的人，他們一直不停的在動。

所以正確的心態是，「如果明天臺灣獨立，那我今天就準備好了。」

第四，維持現狀的成分，有兩種，第一，維持現狀時保持進取，第二，維持現狀後向後退。

這兩個都是「維持現狀」，但有根本意義上的不同，也是蔡英文原初的「維持現狀」跟馬英九的不同，如果維持現狀是為了維持一個理想的被害者姿態，用以方便歸類現狀，等待一個永遠不會到來的機會，對於現狀改變的種種都加以抗拒和抵制並否決，因為他們會毀掉一個「理想的被害者狀態」，那其實就是一種另類的維持現狀，「維持現狀後停滯」，那其實就是維持現狀後向後退，白話來說，因為你不能做到最好，所以就必須維持不變，這就是一個架高的條件以肯定語氣實行否定，也像是一個被害者因為不能得到完美的拯救，所以乾脆讓自己繼續被害著，因為萬一我得到了不純潔的救援或改變，我就不是被害者了，我就必須放棄被害者的身分，因此，能量反而不是放在擺脫被害的事實，而是放在維持被害的狀態，這是一種迷思。

例如，凡任何脫離中華民國，或實現臺灣獨立的行為，我們解讀成對中華民國統治的合理化，如正名，應該是正臺灣的名，找回本來的名字，而不是把中華民國當作臺灣，使本來的臺灣消失，像強盜竊佔了你家，還要搶奪你的名字。

臺灣獨立就是以臺灣為名，建立民主共和的國家，從中華民國體系分離，從中國迷思之中獨立，我們會很驚訝地發現，這樣的迷思也會出現在一個已經獨立的國家，例如日本改「令和」這樣的年號，也會因為沒有照著１４００年的慣例，採取中國的經典，而被質疑和反對，其實按照日本古典去更改，是天經地義而且理所當然的事情，但是「被體制化」就會留存著迷思和恐懼。

「起先你討厭它，後來你習慣它，最後離不開它，這就叫體制化。」

ｆｒｏｍ 《刺激１９９５》

「相較於那些支持獨立的人民，他們亦有說服力，因為他們亦以老百姓自居。

過往的經濟奇蹟時常提起，加泰隆尼亞對他們來說，只能是一個地名，他們有些也反對與紅色西班牙統一，但更害怕失去所有。

在這個前提之下，他們反對獨立宣言，反對加泰隆尼亞國，雖然他們都是加泰隆尼亞人。

所以主席面臨對外的威脅『加泰隆尼亞永遠不會是一個國家』以『加泰隆尼亞

是個國家，這是事實』回應，對內回『名字叫做西班牙，不會另行宣布獨立』已緩解那些恐獨的人民代表的緊張。

並說自己是『主張加泰隆尼亞獨立的政治工作者』。

在此之前，沒有一個加泰隆尼亞的政治工作者，在議會質詢上主張加泰隆尼亞獨立，或者對紅色西班牙談到獨立。

因為不但會給外國打壓的理由，更給恐慌的本國人，不斷攻擊的機會，所以他透過這個形式表達出來。

他並沒有說，加泰隆尼亞等於西班牙，西班牙如今之於加泰隆尼亞，只是個名字，亦是個空殼，更是許多人複雜的心理狀態，除了濃烈的移情，害怕失去所有的恐慌，更是一種不允許改變的體制化。

對他們來說，只能做，而不能說，做，還不能有成為現實的一天，只能一直不斷的『做』下去，只能消極的培養和一直等待下去，而一說，就等於觸犯到現實，讓現實不再現實，而他們的宗旨，並不是獨立和統一，而是要一直不斷的『很現實』。

只能做而不能說，剛好可以符合這個弔詭。」

ｆｒｏｍ《加泰隆尼亞與臺灣獨立》

臺灣獨立的一個課題，就是要避免陷入薛西佛斯的神話，成為一種迴圈和個人滿足，甚至是既得利益者採摘的工具。

那就像推了一個石頭上山，然後再讓它滾下來，永遠再重複一樣的工作，因為遇到了特定關鍵時期，總是無法滾過山頂上那個永遠的迷思。

於是每每要醒了，又把眼睛給閉上，又說自己看得非常清楚，ｂｒｏｔｈｅｒ。

最後，再說一下「語意」和「語用」，以及「對內」跟「對外」的問題。

臺灣究竟是不是一個國家？

鄭南榕說，

「我們是小國小民，但是我們是好國好民。」

又說，

「我是鄭南榕，我主張臺灣獨立。」

如果我們這麼說，「我們的國家尚未獨立」，這是一個微妙的弔詭，如果有國家，那就不需要獨立了，如果尚未獨立，何需有國家可言？

這都是訴諸於純潔的謬誤。

到底是有國家，還是沒有國家？臺灣獨立面臨的困境是，當我們宣稱我們尚未是國家的時候，就會有中國附和著你們不是一個國家而施予打壓，或者是其他國家宣布剝奪你的地位，「因為你們不是一個國家」

而如果有臺灣獨立建國的主張者，也這樣對臺灣人民說，「對，你不是一個國家。」，這毫無疑問是一個不相干的謬誤，兩股不同的意識交會在一起，而造成了一種誤讀。

我們說我們不是一個國家，是希望將來能擁有一個真正的國家，他們說我們不是一個國家，是希望我們永遠不會是一個國家。

當外國說「臺灣是一個國家！」我們內心感到雀躍與認同，不過看到他們揮舞著中華民國國旗，宣稱著以你為榮，心中卻有無比的荒謬，而面對中華民國賦予的困境，「臺灣是一個國家，名字叫做中華民國」、「已經是一個國家了，不需要宣布獨立」

我們看到一個體制內台獨工作者宣布這樣的主張，卻被另一群厭獨人士劇烈的反對，照理來說，這正是說他們想要聽的話，建構他們想要的認同，他們卻秉持著對本土的恐懼而加以徹底反對他，可以想見，這樣的話語，語用性大於語意性。

「不需要宣布獨立」有其反面的意思，也就是「我可以宣布」、「本來就應該要宣布」，如果我們確實是一個已經獨立的國家，那就連要不要宣布是否獨立都沒有討論的必要。

所以，「已經是一個國家了，不需要宣布獨立」恰巧說明了，我們並不是一個獨立國家。

賴清德在說謊。

如果這是謊言的話，必然有真實的那一部分，謊言是無法單獨存在的，必然是有一個真實的東西，然後去掩蓋它。

而有些宣稱獨立建國的人，也正在說謊，他們替蔡英文作為說了一些奇怪的論調，純粹是因為，

「現在這樣比較好」所以謊言存在，「我覺得這樣比較好」，所以說謊。

臺灣獨立是需要改變現狀的，就算稱著維持現狀依然有改變的成分，即使是蔡英文執掌的中華民國政府，也是必須衝撞的目標，蔡英文扮演的，應該是體制內的開啟者，至於要開多少，不至於損傷臺灣島上人民參與的成分和現實的福祉，要衝多深，不至於中華民國體制崩塌了連帶拖著島上的人陪葬，中華民國就像長在心臟上的肉瘤，如果過於強硬綳開，肉瘤就會拉扯心室崩血而死，如果什麼都不做，那可能一點一滴失血而死，或者明天心臟疾病迸發身亡。

所以這才是爭執關鍵的目標，兩方說著「這個身體很健康」，不論是心理上說，行為上說，都是謊言。

一邊說要治療，一邊卻不斷拒絕手術，一邊說不用治療，卻不斷伸向病體，

其實大家都明白，病人身上的很多細胞都在排斥治療，甚至把肉瘤看做自己身體一部分的關係。

所以我們回到鄭南榕，鄭南榕的說法必定有一個「原國家」的存在，也就是理所當然是一個國家，不過被遷佔了，被滲入了，或者保持著對未來國家的憧憬，他所聚焦的，應該是臺灣島上臺灣人的獨立自主成分。

這樣子，「我們是小國小民，但是我們是好國好民。」這是指未來的臺灣國或者現在臺灣島上的原國家成分而言，所以「我是鄭南榕，我主張臺灣獨立。」

神父認為，這不是「我們不是國家」跟「我們已經是個國家」可以加以命定的。

臺灣擁有自己的軍隊、政治實體、民主制度，國防與外交，這些不只是被中華民國的名義所框架，也被迷思和體制化所滲透，所以經常產生許多錯誤和矛盾。

但毫無疑問，這是在臺灣島上發生的，有臺灣人民意識參予的，由全部都是中華民國的加以肯定或全然否定，這些都不是很精準。

當然，有時候，我們得這樣才能幫助釐清問題。

臺灣大於一切，我想這才是必須建立的共識。

對外，我們必須宣稱自己是個國家，除了防治被吞併，也建構「外部人怎麼看我們」，我們必須宣稱我們已有的「原國家」成分，幫助外人認定我們未來即將成為一個新國家的事實，以及，現在我們擁有的已臺灣為主體擁有的國家成分事實。

對內則牽涉到「我們自己怎麼看自己」，應該說清楚我們還不是一個國家，或我們不是一個正常國家，我們必須在臺灣島上成立一個叫做臺灣而且以臺灣為主體性，確保臺灣價值的國家，現在這個「不得已」不能成為「事實」或「理所當然」，「這樣就好」。

日本改年號「令和」，即有中國人稱「不用中國古籍就是想搞國家主義」，將荒謬的思想，加諸給無關的日本人，甚至被冠以「抑中揚日」、想「去中國化」等迷思框架，明明是理所當然的事情，卻被說成好像怒犯天條，不合理，不可以被允許的事情。

只差沒說成「這會破壞區域和諧穩定了」。

這跟中國對待臺灣的態度，或者，島內中華民國人對於臺灣改變現狀的態度，都十分相似，你「數典忘祖」之類的。

由此可見，一個已經獨立的國家尚被不是獨立國家的迷思所框架，把他人的年號看成是自己的一部分，可以想見，有一個遠古文明正在被綁架、殖民著，用以命定現在的眾人，扭曲成各種奇形怪貌的迷思和認同。

彷彿一群被殖民的人正想殖民其他國家。

蹲著的人，他是蹲著的；站著的人，他是站著的；如果一個人巍巍的隆起背脊，伸直了膝蓋，腳根使足了力氣，他的眼睛和鼻子，已經快要和那些站立的人平行。

「他是站著的吧？不過站的不太好。」

「不，我看是蹲著的，恐怕是半蹲。」

那麼，該如何區辨現在這種情況？

如果要令他再次蹲下，才能站起，還是會到了這個尷尬的情況；如果要他維持這種姿勢不動，那麼，顫抖的腰椎，必然會等到力氣用盡的時候，茫然的蹲下去。

所以要看他怎麼動。

如果他不肯蹲下，也不肯放棄站立的話，每個肌健都在運作，就算別人看不到，每根眼睛裡的血管，都在活躍著並且向上映照著天空……

腦中的鏡像神經元，掌握恐懼的杏仁核，分泌快樂的多巴胺，還有，環視一切現實，想像單純的願望，然後考慮著，計畫著，等待著，悄悄伸直的、同步的。

撐起一塊布，用手指，只撐起那一個食指大小的面積，讓剩下的撕開與分離，那是一種獨立。

用手掌端起整塊布，送他們一起到每個人都能見到的地方，也是一種。

布會染上各種顏色，同樣的，也會褪去過時的光影，亦會產生新的色彩，但就像島嶼浮出水面那樣，不動的話，就不會有森林，有熊、有鹿，有人。

「他是一個獨立的人，而且正在獨立。」

我們必須做足一切讓臺灣獨立的可能事情，說盡一切可以趨近臺灣獨立的話。

如此才能稱自己，

「我支持臺灣獨立。」

ｔｏｍｏｙｏ。

Chapter 12
唱歌革命

2021.08.11

若是真的能夠了解那首曲子的心情的，就是我們臺灣人了。

——蕭泰然 《1947 序曲》

立陶宛同意臺灣在其首都開設「臺灣代表處」，這是臺灣第一個設立「臺灣」為名代表處所在的國家，特別是，是在與中國建交的邦交國。

這個消息對於臺灣人來說，應該是一個震撼彈，在代表過往「兩個中國」的框架被突破，也代表臺灣從「漢賊不兩立」的外交衝突中跳脫，有你就沒有我，然後儘管有任何外交突破，也必須冠以「中華」、「ROC」相關的東西，仍然不脫中國的掌握，過往，中國像切香腸一樣的以斷臺灣邦交國的手法，作為懲戒，形塑國內政治壓力，而臺灣只有單方面被壓迫的份，除了被壓迫，本土政權還必須被國內的華腦責備，馬英九時期我們的邦交國有多少等等，或者國內的知識份子，強調國家少了邦交國有多麼危險與孤立等等，這都使得我們某種程度必須陷入強暴者的邏輯當中－強者為所欲為，弱者只能承受，華腦人所奉行的「修昔底德陷阱」之中。

現在，有趣了，是臺灣鬆動了中國的邦交國，臺灣何德何能，哪來的金錢，拿來的拳頭比人大？無，價值而已。

曾經聽過一種說法，我有點忘了，大致上是，當臺灣進行民主選舉的時候，中國把臺灣的許多邦交國代表，都召入北京，當臺灣選出本土派政權的時候，就準備斷交，給臺灣難看，最後，親中派贏得了選舉，北京很滿意，於是叫這些臺灣邦交國們，可以回去了，不管真實與否，這不難想像，臺灣悲哀的國際處境，似乎無論是朋友或者敵人，都掌握在對方手中，形成了一種思維缺陷，兩邊都被掐死，怎麼走，也走不出去，我們依靠一些小島國們，為我們發聲，我們不能沒有他們，另一方面，我們的政府又被民間勢力責難，說撒錢給這些國家是浪費錢，每一次交流都要被審視是不是有秘密經費，挹注給這些國家。

有人說，這些小國與臺灣建交，背後是美國暗助，但顯然，相較於中國的銀彈攻勢而言，美國也無法完全提供臺灣本身無法與中國競逐邦交國的「保護費」，這不代表那些熱血沸騰為臺灣發聲的小國無關緊要，而確實是有巴拿馬這樣的例子，儘管是親美，但是礙於中國企業將投資建造巴拿馬運河第四條大橋，以及簽訂自由貿易協議的經濟利益，仍然屈從於金錢外交，選擇和臺灣斷交。

「與中國建交，就必須和中華斷交」，這是典型的「中華（Ｒｅｐｕｂｌｉｃ ｏｆ Ｃｈｉｎａ）」框架，蔡英文２０１６年才訪問過巴拿馬，２０１８年就被斷交，更顯現出臺灣被中華代理的不可靠性，在這個中華框架裡，蔡英文簽下Ｐｒｅｓｉｄｅｎｔ ｏｆ Ｔａｉｗａｎ（ROC），就被奘萬安以及國民黨一夥人，與中國環球時報同聲一氣譴責，說是搞「法理台獨」，蔣萬安稱蔡英文署名非常不洽當，應該要使用臺灣的正式國名中華民國（Ｐｒｅｓｉｄｅｎｔ ｏｆ Ｒｅｐｕｂｌｉｃ ｏｆ Ｃｈｉｎａ），Ｔａｉｗａｎ放後面，不可以顛倒過來。

而被斷交的時候，這一群華腦不譴責中國，反而繼續譴責臺灣總統無能，搞台獨，這顯示，臺灣靠著臺灣的影響力，站上國際舞台，仍然必須被中華代理，而臺灣只能是個地名，低等的存在，當臺灣被霸凌以後，再由一群中華人攻擊，成功的時候，你只能像個小媳婦，榮耀由灰姑娘的姊妹們享有，失敗的時候，你像個奴僕，被後母和後母姊妹們痛罵，怎麼不把王子找回來給我們，而明明，從頭到尾，貢獻心力，無論是掃地還是準備好舞鞋，華衣，尋找機會，都是由灰姑娘完成的。

臺灣的外交困境是，我們被兩個中華所霸凌者，一個在內，扼住你的咽喉，一個在外，直接施與鞭子，兩個人藉由剝削臺灣，滿足自身最大的利益。

美國當年能做的反應是，召回與臺灣斷交國的大使，而那時，也正是美中貿易戰開始的序幕。

現在，有趣的是，要召回大使的，是中華人民共和國。

針對立陶宛同意臺灣設立「臺灣代表處」，立陶宛表示「決心與臺灣發展互惠關係。」

有華腦人這麼說著，「立陶宛要好人做到底，用中華民國的名義」

彷彿，立陶宛用「臺灣」，不夠好，要用「中華」才是為臺灣好。

同樣的灰姑娘陷阱，神父猶不能接受的是，這些華腦，在臺灣試圖爭取外交關係的同時，不斷的進行意識形態檢查，不出一分力，在後頭扯後腿，還要像個家長一樣規定你應該叫什麼，不能叫什麼。

臺灣被打壓的時候，華腦人不幫忙就算了，偕同加害者一同霸凌自己的國家。

臺灣得到好處，又搶在臺灣前頭，說應該要叫「中華」。

好一群蠹蟲。

許多人將立陶宛挺台的舉動，比喻為一種戀愛關係，在神父來看，比較是一種前輩對晚輩的認同。

而這個認同是至高無上的，神父很遺憾，似乎很少人對立陶宛有更多的認識，提到他們「獨立」的歷史。

當你知道立陶宛「獨立」的歷史，你會知道，這個伸出援手的人，是多麼熟悉的陌生人。

立陶宛，是波羅的海三小國，第一個發表獨立宣言的國家，也是第一個宣布更改國歌、國旗，最早脫離榔頭與鐮刀旗幟的國度（反觀臺灣ㄎㄎ），而這個過程也是非常戲劇性的，當愛沙尼亞宣告主權以後，立陶宛並沒有跟進，為了安撫民眾，他們於是改國歌和國旗，但也因此這樣導致了兩面不是人，新的國旗讓境內俄羅斯人不滿，而沒有宣告主權，則導致了立陶宛人不滿，所以，立陶宛來個更直接的，宣布獨立。

值得一提的是，立陶宛的獨立過程也發生了名實之辯，他們首先將最高蘇維埃會議改名為「最高會議」，接著，選出薩由季斯團體作為主席，然後開始宣布獨立。

薩由季斯是一個特殊的團體，說實在，你看他的倡議很容易想到臺灣，他是一個提倡反核、保護環境的左派團體，也是主張恢復母語、實行轉型正義，揭發史達林時期的真相、公開德蘇密約，取得對共和國經濟權更多控制的右派團體，你可以從中可以看出與臺灣的連結性。

不只如此，立陶宛甚至是全世界最早實施女性投票權的國家。

宣布獨立後，立陶宛遭到了蘇聯的報復，不只斷水、斷電，更斷石油，還實施經濟制裁，這導致立陶宛的工廠因缺乏原料和動力被迫停工，照理說，這時應該有一群華國人跳出來喊拚經濟、顧肚子，發大財，然後反台獨－但立陶宛人的意志十分堅決，更重要的是，他們有聰明的腦袋，以及極高的合作意識，他們不會為這些被境外勢力煽動的話語所動搖。

立陶宛大搞反封鎖基金，然後從其他國家偷偷進口能源，沒有俄羅斯，還有烏克蘭，更諷刺的是，立陶宛乾脆就跟蘇聯在立陶宛的駐軍購買，蘇聯制裁了立陶宛卻彷彿在制裁自己，正如神父所說，經濟貿易絕非單方面的贈與或影響，那只適用在跪中的華國人身上，正常的經濟模型，你制裁與你經濟往來密切的國家，自身也要付出相應的代價，蘇聯對立陶宛實施經濟封鎖，結果自身依賴立陶宛的部分也斷絕，造成龐大損失，這使得制裁立陶宛的舉措變得無效。

當蘇聯的坦克開進了立陶宛，立陶宛付出了慘痛的代價，蘇聯認為，可以靠立陶宛的內奸發起兵變，還有經濟不佳，一舉推發他們獨立的政府，所以他們先叫一群在立陶宛的俄羅斯人進攻國會，沒想到，立陶宛的人們組成了人盾，全境的國民自發自發聚集，守衛最高會議大樓、廣播電台、電視塔、主要電話局，多達５萬人，現在的立陶宛人口數也不過２９２萬而已，這就如同一個台北市號召５萬人上去擋坦克，蘇聯軍對民眾開炮，有趣的是，竟有一部分蘇聯軍隊倒戈反而對蘇聯軍隊開炮。

事實上，蘇聯軍有一名軍官要求部下不要出去，他說，我們是要捍衛國家安全，不是與平民作戰，蘇聯也認知到，這些駐軍在立陶宛的軍人，根本不能相信，他們與立陶宛人已經產生了情感。

立陶宛人開始在黑夜裡唱歌，這就是著名的「歌唱革命」。

如果說，中國有一名坦克人，喚起了大家對中國民主化的希望，或者，當作中國人曾經追求自由民主的證明，立陶宛有１４個坦克人，而且都被坦克輾過去－當蘇聯開著坦克，想要攻佔電視塔，在沒有網路的時代，那就是抗爭者的生命線，一群人高舉雙手，揮舞著立陶宛國旗，擋在坦克前面，然後有１４個人死了。

但他們成功地守住電視塔，讓立陶宛的聲音傳播出去。

最後世界各國都震怒了，就連與立陶宛是世仇的波蘭也看不下去，紛紛譴責蘇聯的行為，因為他們看見了電視塔播出去的畫面。

這是一個奇異的景象，蘇聯控制了立陶宛大街小巷，但是立陶宛獨立政府仍然持續運作，他們佔領，卻彷彿是想離開的人，因為周遭國家的人民開始聲援立陶宛。

立陶宛甚至還舉行了獨立公投，在坦克的環伺與蘇聯軍隊的瞪視下，９３．２４%的投票者贊成獨立。

他們先宣布獨立，然後舉行獨立公投。

最後，蘇聯發生８１９事件，被迫撤兵，有人說，俄羅斯在立陶宛做的種種舉措，是壓垮帝國，使之解體的最後一根稻草。

波羅的海三小國的獨立史，可以說是近代獨派的教科書，那發生在什麼時候？不過１９９１年的事，那時，臺灣正在搞野百合學運吧。

那被坦克輾過的１４人，最後成為了立陶宛街道的名字，相反，臺灣至今仍然一堆中正／中山／中國路。

在臺灣，就連在學校裡師生投票命名南榕廣場，都被校方以具政治意涵／不中立，加以否決。

他們說，鄭南榕是恐怖份子。

恐怕，立陶宛那１４人也是恐怖份子了，因為，當初蘇聯就是這麼說的，他們說，因為立陶宛人不聽勸告，跑到坦克前面，攻佔塔台，所以他們是恐怖份子。

若說臺灣的民主路上少了什麼，我會說，是獨立。

若說此時的中華民國臺灣，欠缺了什麼，我會說，是正義。

因為欠缺正義，所以才導致加害者與被害者顛倒，因為少了獨立，所以才讓一些害怕強暴的人，轉而手指著獨立自主的人是激進的，要為自己受的傷害負責。

這是一種服膺強暴者，歸謬幫助者的自私－這是一種遷怒，你們為何不體諒我消失自己與他人的言論自由。

這是一種避罰服從取向－我不是台獨。

在臺灣，對自己說謊的人實在太多了。

包括什麼，美國不支持獨立，是因為臺灣獨立後會倒向中共，這是個迷思，因為不想而不願，所以扭曲，因為災難性的想像，所以把自己的害怕解釋成是勇敢而且睿智的。

事實上，我們不會解釋香港，會因為反送中後而倒向中國，所以不應該反送中－應該要贊成送中條例，把香港人都送到中國去，或解釋香港存在著一群藍絲，或者支持中國，害怕破壞社會的和諧的人，就說，因為這群人存在，所以香港反送中後會親中。

或者我們解釋野百合運動，如同馬英九說的，他反對總統直選，在臺灣地區選舉，要怎麼彰顯中華民國主權呢？怎麼精神上代表中華民國呢？

很不可思議吧，當年，為了維持中華民國，為了中國地區的代表性，為了這麼一個空虛的殖民者情結，我們必須被迫放棄自己的民主，「因為臺灣人選的不算」。

可以這麼說嗎？廢除萬年國大，總統直選後，臺灣會倒向中共！選出親共的人怎麼辦？那就不要民主了。

選總統以後中共戰機會來！會引起戰爭！事實上，１９９６年台海危機的確如此，為了阻止李登輝連任，中共的確要射出飛彈，但是，臺灣人還是投下神聖的一票。

這關乎於，我們到底要為了多少「不正常」放棄「正常」，將正常解釋成不正常，然後把不正常合理化成為一種正常。

通常，我們不會把已經發生的事，正在發生的事，歸咎於都是未來發生的事所造成的。

這是回歸謬誤。

當年反直選的人，直選上了總統，親中親共的人，當了八年，臺灣從來沒有像當時那樣靠近中國與中共的光譜－馬習會，爆發了太陽花學運。

沒有在現在的中華民國體制之下，誕生出韓國瑜這樣的親中領袖，他喊著「守護中華民國！」，擔任直轄市的市長，不僅如此，還直接總統選票上的一個選項。

臺灣獨立，並不會倒向共產黨。

現在的中華民國才會，並且不斷的，重複的發生，他們恰巧是反對台獨的一群人，由支持獨立的一方，抵制。

對於遙遠而不可知的未來來說，這個信念，這個未來，他亦守護住了現在的「維持現狀」。

如同賴清德所說的，他面對陳之漢的問題「民進黨主政，為何不台獨？」回答，「現在捍衛中華民國的，不是主張統一的人，反而是主張臺灣獨立的人。」

未來，並不可怕，未來守護著現在，而沉浸在過去的人，他們一直為現在的所有人，帶來危險。

一邊緬懷過去，恐懼未來的人，是不可能守住當下的幸福的。

他只會讓你失去的更多。

我們終究必須問問自己的靈魂，想要脫離台獨的成分，是不是大過於脫離中國？如此，硬要解釋成我只是想要脫離中國，就是自欺欺人的謊言。

立陶宛也曾經凍結自己的獨立宣言，在宣布獨立後。

他們以６９票對３５票，否定了自己發下的諾言，與莫斯科談判，蘇聯也馬上取消了經濟制裁，供應石油和天然氣。

立陶宛這時，工廠裏頭有煤礦了，家裏頭有暖氣了，他們冬天，卻異常的寒冷，鞭子後的糖果，使他們填飽了肚子，但喪失了味覺，怎麼吃，都覺得不滋味。

他喝著火爐上烘好的暖呼呼的茶，心中的某個東西，卻徹底結凍了。

他們必須使他們融化才行。

立陶宛也飽嘗了「國際現實」這東西，也充分體會到了米國的「戰略模糊」，布希聲稱，蘇聯併吞波羅的海三小國，美國就沒有承認，所以也就排除了承認立陶宛獨立的可能性，但另一方面，他又宣稱蘇聯當局應該尊重立陶宛的獨立宣言，雙方要避免衝突。

我想，這不會被解釋為米國害怕立陶宛獨立後會倒向蘇聯，所以拒絕承認獨立，因為，獨立正是因為反對蘇聯併吞而起，獨立後，又怎麼會倒向併吞自己的人呢？而蘇聯正是和美國打冷戰的人，他們和立陶宛有共同的利害關係。

當歌聲響起後，冰塊融化了，冰島，承認了立陶宛獨立，然後，米國，承認立陶宛獨立。

當然，如果認為立陶宛這部教科書，付出的代價太龐大，還有別的，愛沙尼亞，拉脫維亞，他們都是第二本，第三本教科書，他們更加迂迴，也更加避開危險，雖然晚了點，但他們的歌唱革命，依然接續在立陶宛的後面，繼續唱下去。

波羅的海三小國，曾經手牽手，串起了人鏈，三個國家，２００萬人，從立陶宛開始。

這是「黑絲帶日」，他們為什麼而串起，為了「蘇德互不侵犯條約」。

這個納粹德國和蘇聯的秘密協約，默認波羅的海三小國是蘇聯的勢力範疇，蘇聯堅稱三小國是自願加入的，這個條約證明了三國是被非法佔據。

他們不必再遵從蘇聯的憲法，因為波羅的海國家從來沒有在法律上屬於蘇聯，三國在二戰期間原為獨立國家，也可以合法恢復原有地位。

他們將自己的國家做成棺材，然後在納粹和蘇共的旗幟之下，象徵著自己的國家被吞併，要找回自己的主權，值得一提的是，納粹也是反共的，史達林也反法西斯，這兩個敵對的國家，他們為己群的利益犧牲三個小國的人權和自主。

臺灣曾經也有二二八牽手護臺灣的活動，牽起百萬人的人鏈，臺灣，也曾經被號稱反共的法西斯政權給殖民統治過，如今，他們的遺緒不斷的和中共交換利益，出賣臺灣人的自主。

中華民國與中華人民共和國。

你說，波羅的海的小國－立陶宛，怎麼就這麼挺台呢？

好像是突然的一樣，沒有理由，有人說，一定是美國在背後指使。

非也。

如果你懂立陶宛，那你也會懂立陶宛怎麼會愛上臺灣－那就像是東方自己的一塊分靈體一樣。

那段追求獨立自主的靈魂，被自己國家內俄羅斯人和共產黨偕同外敵侵犯的過往，那條人鏈。

立陶宛總是走在最前面，也是最勇敢的那一個，當他開始喊臺灣的時候，就跟他當初喊獨立那樣，就跟他是踏上磁磚上，組成人鏈的第一個人，一樣。

當他開始，事情就不會停止。

世界各國將會跟隨他的腳步，一路「臺灣」到底。

那就像是吹笛人，也像是山羊座的號角。

那是一種時間到了。

臺灣獨立，不是你想不想的問題，願不願意的問題。

而是

「Ｗｈｅｎ？」

什麼時候的問題，ｂｒｏｔｈｅｒ。

Chapter 13
死的美學

2023.02.27

「我會離開但臺灣永存在！」

——辜寬敏

昨天才聊到寬敏桑的兄弟，辜振甫，沒想到，寬敏桑今日就離我們而去。

說起寬敏桑，令人印象深刻的一幕，就是他在國慶典禮時，當國歌演奏，眾人都站起來時，就他一個人坐著，好像什麼事也沒發生一樣。

過去刺蔣的黃文雄，被抓捕時，壓倒在地，他高喊「Let me stand up like Taiwanese!」寬敏的行為，則比較溫文斯雅了些，安靜的坐著，不說話，傳達出了「Let me sit down like Taiwanese!」

相較於眾位泛綠政治人物，為了進入這個體制不得已的妥協，或者為了「維持的一種日常」，寬敏桑的舉動則更像是種藝術，把國慶和國歌當成一種布景，用來反襯自己的信念，裝飾自己的主張，是的，「這裡屬於臺灣，not中華民國」。

我們當然知道蔡英文站著的理由，作為一個全民總統，她必須為一些獨特的認同，一種外加的體制，進行妥協，以避免爭端，以免得政治攻擊，我們的體制依舊是中華民國，臺灣尚未獨立，正在獨立的過程中，她就像一個不斷往前走的人，必須被迫為了某些人的想像站住，以避免觸怒他們，破壞殖民者長期以來附加的想像。

對於普羅大眾的「體制化」。

但作為一個臺灣獨立的倡議者，可不能如此，他必須提供正確解答，捍衛臺灣人的主張。

而臺灣獨立，是如此自由的，而且明確。

寬敏桑的一生，經常進行這樣「台獨式的騷擾」，他曾經與時任行政院長的蔣經國對話，被臺獨聯盟日本本部除名，他去的那一天，被許多人認為是「投降」，事實上，一個殺人魔頭子跟日本台獨人士會面，是極為不合常理的，就如同加害者與被害者，革命者與被革的對象，甚至我們可以說，暴君與刺客的關係。

當辜寬敏安然落地，站在蔣經國面前，也有人懷疑他已經被收買，不然怎麼沒被抓？但若觀當時的時代背景，研究兩者的心路歷程，以及辜家，這個強大的保護傘，可以窺見其中不合理的合理之處。

１９７０年代，正是前述刺蔣案發生的時候，辜蔣會面則在１９７２年，蔣經國被刺後，突然感受強大的威脅以及臺灣人對其的仇恨，這可能使得他路線轉向，從對立改向懷柔，刺蔣後，也是蔣開始起用台籍政治精英，「本土化」的開端，對於政治犯的處刑從槍斃變得處刑稍減，而辜寬敏，可能被當作是他的棋子。

李筱峰教授用一句話來形容蔣的心境頗為傳神，

「他這樣問身邊的人：『臺灣人為什麼要殺我？』」

辜寬敏跟一般台獨人士不同，他是有錢人家產出的異類，辜振甫是一個忠誠的國民黨大老，辜家和國民黨的高官其實交情匪淺，蔣經國不只一次透過辜振甫、辜偉甫赴日說服他回台。

除了辜家的政商關係，辜寬敏在日本的政經界也有十足的影響力，辜寬敏在台的人脈，除了黨國媒體界大老葉明勳，還有黨國高官黃少谷為其作保－最重要的，辜寬敏下飛機的時候，其實很擔心自己被抓，下飛機的時候還觀看有沒有警察和軍隊，直到見到了自己的哥哥，還有葉明勳，這才放下心來。

而令蔣經國意外的是，這個台獨人士居然敢跟自己頂嘴。

他向蔣經國大談開放言論自由、取消黨禁，解除戒嚴，甚至還談到了省籍，「臺灣的籍貫（省籍）登記只要存在，臺灣就有兩種國民，因此籍貫登記必須廢除」、「經國先生你不要想國民黨能永久統治臺灣。如果國民黨不能統治臺灣，難道你要讓臺灣人拿紅旗嗎？所以，一定要讓反對黨能成立。」

老實說，這些見解無非是真知灼見，甚至洞悉了蔣經國的心理，原本是顆棋子，沒想到反將對方一軍。

蔣經國反共是肯定的，因反共而搞白色恐怖，大肆抓捕無辜的台人，這也是肯定的，如果國民黨無法掌權，確實有可能因此導向中共，因為他和他老爸對臺灣人犯下許多血債，另一方面，國民黨本身就有許多從中國來的人，他們心向祖國，而且分不清哪一國是哪一國。

辜寬敏很巧妙的用金馬來舉例：「當時在金門馬祖很多人拿紅旗，這是因為人民沒有選擇，只好拿紅旗，他主張臺灣人民應該有選擇權力，只有讓在野黨成立，人民才有選擇。」

多了個在野黨，對國民黨和蔣經國沒好處，但是可以避開最糟糕的情況，「一群人大肆舔共」，這對蔣來說是有吸引力的，事實上，結局也正應證了這樣的結果：「國民黨舔共，深藍親中，島上一群人高唱投降，最後是反對黨主張了抗中保台」。

而這個反對黨，恰巧是台獨人士所創立的黨。

辜寬敏對於廢除省籍的話術，也很有一套，他不講這是不平等的制度，他講「國家安全」，「臺灣被聯合國趕出來，他認為，臺灣的安全最要緊，但當時臺灣內部本省與外省對立差別嚴重，這對臺灣是很大問題，籍貫對臺灣社會政治是很大阻礙，本省與外省對立，無法保護臺灣安全，因此他建議把籍貫拿掉，以出生地代替。」

而後續的發展，也正如他所說，人們的身分證上，不再有省籍，是臺灣的出生地。

我們不知道他的這些話對蔣經國產生了什麼影響，但後來大吵一架，這是肯定的，當蔣經國說要「反攻大陸」，他回一句「癡人說夢」，蔣經國立即站了起來，大聲說「我蔣經國有百分之百的信心」，最後兩人越吵越兇，門外的祕書長蔣彥士馬上衝進來看，辜寬敏問他「你說，反攻大陸、保衛臺灣那個優先？」蔣彥士竟然回答「保衛臺灣」，蔣經國當下臉色鐵青。

辜寬敏的行為，無疑是在太歲頭上動土，戳破了一個人的信念和信仰，甚至是立足的正當性，這和拿刀往他身上刺，差不了多少，我們可以說，辜返台和蔣見面，當然是一種妥協的行為，但他口中爆出的話語，確實是一種「文鬥」，宛若匕首般刺向獨裁者的心窩，這的確是可能有殺身之禍的，雖然他落地時是安排好的平安。

「反攻大陸不可能」，就如同跟一個小孩子說「聖誕老人不存在」一般。

至於蔣經國怎麼會讓他平安無事的離開？我想，是因為某種程度他脫下了獨裁者國王的新衣吧，在蔣身邊，應該聽不見真話，人人都畏他如神，敬他如主人，說一是一，說二是二，不敢違抗他，沒想到，竟然從這台獨份子身上，頭一回聽到人民真實的心聲。

「保衛臺灣優先⋯⋯保衛臺灣優先⋯⋯保衛臺灣優先⋯⋯」，如果是辜寬敏說的，那就算了，竟然是辜寬敏讓他身邊的親信，說出的話，那實在不由得不信了，總不能把秘書長也拖出去砍了。

寬敏桑，可能不像一般台獨人士那樣剛烈堅毅，不屈不饒，但可以看出，他有他獨特的政治智慧和斡旋手段，他或許沒有ｓｔａｎｄ　ｕｐ的意志，卻有ｓｉｔ　ｄｏｗｎ的哲學，我們可以知道的是，這並非是向獨裁者ｌｉｅ　ｄｏｗｎ。

那麼，最後的最後，就讓神父說幾句，為寬敏桑送行吧。

你的選擇沒有錯。

這十幾年來，你的確是一個不屈的台獨人士，最後也以一個堅定的臺灣獨立主張者，來完成自己的人生。

而這，很好，的確是死的美學，ｂｒｏｔｈｅｒ。

本篇文章感謝以下ｔｏｍｏｙｏ的贊助，在神父困頓之中，
感謝你們的及時雨，讓神父可以繼續寫下去。

Eleanore
林琤祐
Cosette
PeterTaai
陳柏鴻
王曉婷
鶴
高營養蛋蛋
蕭淑娟
八方來歸
CWang
John_Li
子昌
鄭瀞儀

公民社會系列 007
臺灣交響曲：名為變態的神父自選集

作　　者：名為變態的神父
社　　長：鄭超睿
排　　版：鄧詠珊
封面設計：鄧詠珊

出版發行：主流出版有限公司 Lordway Publishing Co., Ltd.
出 版 部：臺北市南京東路五段 389 巷 5 弄 5 號 1 樓
電　　話：(02)2766-5440
傳　　真：(02)2761-3113
電子信箱：lord.way@msa.hinet.net
劃撥帳號：50027271
網　　址：www.lordway.com.tw

經　　銷：紅螞蟻圖書有限公司
地　　址：臺北市內湖區舊宗路二段 121 巷 19 號
電　　話：(02)2795-3656
傳　　真：(02)2795-4100

2024 年 1 月 初版一刷
書　　號：L2401
ISBN：978-626-98015-2-7（平裝）
定　　價: 360 元

Printed in Taiwan

國家圖書館出版品預行編目(CIP) 資料

臺灣交響曲 : 名為變態的神父自選集 = Symphony Formosa : self - selected anthology of shinbu / 名為變態的神父著. -- 初版. -- 臺北市 : 主流出版有限公司, 2024.01

面 ; 公分. -- (公民社會系列 ; 7)

ISBN 978-626-98015-2-7(平裝)

1.CST: 言論集 2.CST: 時事評論

078 112021996

The energy conservation reduces the carbon

The energy conservation reduces the carbon